タカラは足元にあり！

地方経済活性化戦略

金丸弘美［著］
食環境ジャーナリスト、食総合プロデューサー

合同出版

はじめに

日本のいろいろな地域をまわっていると、各地で新しい価値観を感じられるものがたくさん生まれている。若者が手掛けた商品が売れ、空き家がリノベーション（改修）されてゲストハウス（簡易宿泊施設）やカフェになる。自然の景観に魅せられて人が集まる——。もともとその地域にありながら、地元の人が気づかなかったものが外の視点で見直され、注目を集め、新たな経済活動や観光の動きになっているところがいくつも誕生している。共通しているのは、これまでにできていた流れから一歩踏み出し、組み合わせを変えて、新たな価値を生みだしているところだ。

例えば、三重県では、県が旗振り役となり、シカとイノシシの獣害問題に真正面から取り組んでいる。飲食店・加工食品会社などに販売先を確保するだけでなく、捕獲・解体・出荷までの基準とマニュアルを独自につくることで、獣肉をブランド化し食文化としての「ジビエ」を提供している。これによって需要を生み、人気の商品をつくりあげた。これまでの獣害対策ではなく、食を通した文化発信である。

一方、同県多気町には「まめや」という地域農業・高齢者・若者・農業・主婦らが、生産から働く場、食べるところまでをつなぐ、町一体の直売所・レストランが生まれている。

ご存知の通り、２００９年頃から農業の６次産業化が謳われてきた。６次産業とは、生産の1次産業、工業（加工）の2次産業、サービスの3次作業を足して6になることから名付けられた言葉。つまり、米をおにぎりにして販売をすると、米を直接販売するよりも高くなる。6次化することで、農業所得を増やして農業に新たな経済をつくる政策だ。

三重県伊賀市には、6次産業化モデルのトップランナーの一つともいえる農事生産法人「伊賀の里モクモク手づくりファーム」がある。生産・加工・販売・宿泊・レストラン・体験などを一体化したファームは、地域に産業を生みだし、雇用も生んでいる。それだけでなく、ここでのノウハウに共感する人たちがじょじょに全国に広がり、各地につながりが作られ、本家も、未来に向かって絶えず刷新している。

福井県越前市には、伝統的な包丁をつくる「タケフナイフビレッジ」がある。海外に直接営業をかけることで、日本料理ブームとあいまって、伝統的な職人技による包丁がよく売れている。そればかりか、包丁と職人技を観ようと、海外から多くの人を惹きつけている。また、近隣の古い街並みに海外の人が魅せられている。

大分県玖珠《くす》郡《ぐん》九重町《ここのえちょう》の山間地には、全国から人を集める農家民泊「蕨原《わらびはら》おわて」がある。古い民家を使って、農業と加工と体験を一体化させている。宿泊者には、自ら栽培、加工をした食材で手料理を提供する。しかも海外の有機農業家ネットワークに参加していることから、日本国内にとどまらず、海外からも人がやってくる。山間地でインターナショナルな交流・観光が生まれている。

国が「地方創生」を掲げ、ついに2014年「まち・ひと・しごと創生法」が成立。全国の自治体が大きな関連予算をつけて動いている。6次産業化をうたった動きが各地で加速している。山間地の観光・交流と、海外からの観光誘致への期待から、農家の民泊は各地で広がり、今では全国で2000戸以上あるといわれる。しかしそのなかで、実際に地域を豊かにしていたり、人を魅了していたり、若者がやってくる、観光につながっているところは限られる。

なにが成功し、なにが成功していないのか――

その答えは、とてもシンプルだ。地域にあるものを、きちんと歩いて調べて、おいしいもの、確かめたもの、気にいったものを提供している。そして風景と調和させて、環境にも配慮する。いいものが集まればそれを求める人が増える。発信をすれば、通販につながる。流通が高度に発達しているから、配送も購入も簡単だ。そして観光にもつながる。

そのことに気付き、実践している事例を本書では紹介した。地域に根付く文化、環境、人などをうまくつなげていくことができれば、小さくとも持続的な経済が生まれていくのだろう。

もくじ

第1章　目標と課題を分かち合う地域が成功する

JAが農業の中心を担った時代はとうに終わった

テレビの料理番組が様変わりしてきている。料理人が素材を探して各地の生産者を訪れ、提供された食材で料理を創作する「キッチンが走る！」（NHK）や、生産の現場を訪れ、生産者とともに料理を食べる『満天☆青空レストラン』（日本テレビ系列）などが人気だ。

かつては料理家が登場して自分のレシピを作って見せる番組が主流だったが、食材探しの過程からレシピを組み立てる手際までを見せるという脚光の浴びせ方が新しい。これなども時代の流れだろう。

料理家になる人も、変わってきている。かつては、国内の調理専門学校を卒業し、国内のレストランや料亭で腕を磨くというのが正攻法だった。しかし、いまやイタリアやフランスで修業をしたという人が圧倒的に増えてきている。そういった料理家にとっては、食材探しからオリジナリティのある料理を組み立てるという、現地で教わってきた手法が当たり前になっているのだ。

イタリアやフランスのレストラン格付け本『ミシュランガイド』で、評価の証である星をとるようなレストランでは、料理人が食材探しに農家やチーズ工房などへ自ら赴くことは当たり前。地元のマルシェ（市場）の利用頻度も高い。シェフたちは、市場に流通する野菜だけでは、魅力がないということを知っている。重ねて言うが、若い世代の料理家にとって、自分たちの素材探しをすることは当たり前なのだ。

日本でも、今では農産物や魚介類などの直売所が全国で1万6816カ所（農林水産省、2009年）、「道の駅」が1079カ所（国土交通省、2015年）ある。地域ならではの野菜や魚を、流通業者を経由することなく、これらの店で直接調達するという料理家も少なくない。

食の推進、ブランド化、食の観光を謳うとき、時代の流れを考えると、自治体もJA（全国農業協同組合）も方針を変えなければ、時代のニーズに合わない。そもそも戦後1万3000もあった農協自体が、現在は700弱しかない。地域では農業の中心はJAではなくなっているのだ。

農業生産法人は1万5106、このうち株式会社は4245、農地貸借で参入した一般法人は1712ある（農林水産省、2015年）。個人の専業農家の法人化は一般的になり、株式や有限会社の新たな生産者が農業の主流になっている。2009年の農地法改正により、農業に大きな規制緩和がなされ、農地の借地化によって、企業・法人が農業に参入できるようになったのだ。法改正がされた翌年2010年から数えると、企業・法人による農業生産者は4年間で約10倍に増加している。

一方、量販店、スーパーマーケットの売り上げが落ちている。大量に画一に出すという産物は価格が低迷している。流通各社の2015年8月中間決算を並べてみると、大手総合スーパーマーケットは、こぞって営業赤字に陥っている。とくに地方の店舗での苦戦が顕著だという。収益率の低い店舗の閉店方針を次々に打ち出す会社もある。

優良飲食店の厨房から見える需要

2011年、ある自治体から依頼があった。市内の「地産地消」を掲げている飲食店を推奨したいので、応募のあった店舗を調査して推奨にふさわしいか判定してほしいというのである。審査員の名前を伏せるという条件付きだ。

料理家、地元の観光・メディア関係者、有識者など数名の方々と、候補に挙がっているイタリアン、フレンチ、中華、居酒屋、ホテル、旅館など、13軒を訪ねた。審査の項目は、地元産を使っているか、厨房《ちゅうぼう》が綺麗か、従業員教育は十分か、掃除が行き届いているかなど。総合的に判断して選定された推奨店は、いずれもこだわりをもった個性的なお店ばかりだった。

どちらかというと、価格はやや高めの店が多かった。雰囲気や素材にこだわり、季節感などの演出に熱心なところほど、客層が女性中心になっていて、客側にヘルシー志向が強いので、野菜類を多彩につかった料理を出しているという声も聞かれた。客から、どこの素材か尋ねられることも多いとのことである。また、センスのいい店には、県外からの客足が多いというのも特徴的だった。

そして、共通項に気付いた。さすが、「地産地消」を標榜するお店だけあり、食材の調達に意欲的で前向き、素材を吟味して使っているところばかりだった。農家や市場、直売所などに直接行き、自ら旬の地元産の食材を調達しているという。なかには自家菜園をもっていたり、農家に依頼をして、必要な野菜を作ってもらっているところもあった。

このとき対象になったフレンチレストランのシェフは、フランスで修業したという。やはり、自身で農家を訪ねて素材を探し、その個性を活かし、その組み立てで、いかにオリジナリティあふれる料理を出すのかを研究していた。そこがシェフの腕の見せどころだという。

彼らは異口同音に、「とにかく個性的な野菜や肉、魚を探している」と言う。小規模でも、個性的な食材が提供できる生産者のリスト、食材の詳細なリスト、販売所などの情報が求められている。とくに有機農産物、特別栽培といった明確な安心安全な基準が示された食材が求められている。

訪れた飲食店では、農家や消費者、子どもたちとの接点をつくるということにも熱心で、機会があれば、農家と一緒にレシピを考えたいとか、子どもたちに料理を伝える機会がほしいとか、食育にも関心が高かった。実際に、子どもたちを対象にした、食のワークショップをしている店もあったし、今後ももっと行ないたいという声も聞かれた。

ちなみこの自治体での推奨の取り組みによって選出されたのは、4年間で23店舗にのぼる。推奨店になると県のホームページ、パンフレットなどでのPR、県の事業との連携、プロモーションの依頼や支援、補助などの特典がある。

大量画一化を目指してきた農政と客のニーズの大きな溝

改めて感じたのは、レストランや飲食店の店舗展開や、素材の選択が変化をしてきているということだ。

新規にレストランを開店するときには、個性や特徴を出さなければならない。そうでないと地方でも客を集めることはできないし、飲食店があふれている都市部では生き残れない。では、どこで個性を出すか……。例えば、東京駅周辺だけでもレストランは５００店以上ある。「どこどこの野菜」「だれだれの野菜」と表示をしていたり、独自に仕入れた食材を使っている飲食店が多くあることに気付く。競争も激しく密度も高い地域だけに、素材から個性をアピールすることが当たり前になっているのだ。

地域の店舗では地域性や素材へのこだわり、食材の組み合わせなどで個性を出す、というのはその一例だ。また、民家を改装したり、郊外で景観を活かしたりと、画一化されない、風景という地域性とマッチさせたお店づくりも増えてきた。客との接点を大切にし、とりわけ子どもたちとの交流の機会を模索するなどの店舗運営がもはやスタンダードになってきたというのが、私の実感である。

さきほど紹介した自治体の４年にわたる地産地消推奨店選出の取り組みは、食や農業の振興、６次産業の推進、農商工連携、地域ブランドの育成、食による観光などの流れのなかにある。つまり自治体が地域の飲食店と連携して、自治体をブランディング（ブランド化）していきたいという意図で催されている。完璧に流れが変わったと感じたものだ。

これまで行政やＪＡが行なってきたのは、ジャガイモ生産日本一、リンゴ生産量日本一、レタス栽培日本一のような宣伝の打ち方だ。行政の広報紙の見出しには良いのかもしれないが、消費者にとってはほとんど意味がない。むしろ、このコピーからは「画一化された大量生産品」というようなイメージが感じられ、若い意欲的なシェフたちの店や、そこに集うセンスの良い客には、響かない。客は、画一な料理を求めてきてはいない。

大量に生産される野菜類は、Ｆ１（first filial hybrid）と呼ばれる一代雑種が中心である。例えば、トマトは「桃太郎」系、キュウリは接ぎ木をした「ブルムレス」、ニンジンはオレンジの「向陽2号」「あかね人参」、大根は「青首」となる。それらはスーパマーケットや量販店で大量流通されることを前提に、一斉に栽培でき、形がそろいやすく、傷みにくく日持ちがする、という基準で品種改良されている。

このような野菜を使うと、どの店でも同じような料理になってしまう。特徴も出しにくい。料理家の創作性も低くなる。

しかし料理家が使いたいのは、地元にもともとあった地場の野菜や、形がそろわなくても、旬で力のあるもの、地元で穫れる流通にのらないような魚介類、あるいは西洋種の野菜で独自に栽培をしているものなのだ。

例えば、イタリアンのシェフならトマトはイタリア系の細長い「サンマルツァーノ」種や洋ナシのような形の「イタリアン・レッドペアー」など、水分が少なく加熱調理に向いたものや、切断面が菊の花に似ている「フィオレンティーノ」のようなユニークな形のものが使いたい。そのほかの野菜も西洋系の品種で色や形、香りの独特なもの、小さくても特徴的で、料理家の創作性が活かせる素材が求められているのだ。

新しいニーズに対応していくための提言

「どうやったら野菜が売れるようになるのか？」

地方の食のブランド化や地産地消をテーマにした会議に呼ばれるとこんな話題がのぼることはしばしばだ。「売れない」と嘆きながらも、おおかたの会議では、自分たちがこれまでの流通のなかで野菜や果実をどう扱ってきたかの分析がない、市場調査などのデータがないケースがままある。すでに、消費者のニーズが変化をしており、出口側の飲食店の展開も客の嗜好も変わってしまっていることに、あまりにも無自覚なのである。

多くの観光地で大型観光ホテルでの宴会付きの慰安旅行や、団体ツアーの客が激減している。一方で、個人や少人数の仲間同士で好きな場所を訪れたいという個人旅行やフリーツアー、また歴史探訪や自然体験などテーマを掲げた旅が人気を集めている。

団体向けの格安ツアーでは、食べ放題や日帰りなどを謳った商品が売られている。こうしたツアーの内実をいくつかの地域で聞いたところ、旅行会社が設定する価格が安いために、地域の産物を使わず、安い材料を仕入れているということだった。これでは、ますます客は団体ツアーから離れていくだろう。また、団体客を相手にした土産物店の衰退も想像にかたくない。

しかし他方、お菓子や加工品などを地域や連携する加工所などから集めたセレクトショップ、アンテナショップが盛況だ。土産物店に並ぶような箱入りのご当地土産のような商品は、セレクトショップでは少なくなっている。

このような時代状況を直視するならば、食のブランド化や地産地消の会議には、自治体の役人や商工会議所の担当者だけが集って行なうべきではない。若い料理家のグループ、有機農業のグループや流通業者、直売所で実績のあるところ、食の流通や食べ方がわかる女性などをメンバーに入れるべきだろう。

また行政は、地域の少量の産物でも集められる直売所や市場などの場づくり、専門に扱う業者の育成、有機農産物や伝統野菜、西洋系野菜などの個性的な農産物のリストと生産者リストなどを整備するべきだろう。個性的で個別対応ができる生産者の存在は、観光やブランド化に直結しやすい。

同時に、食育として教育機関や保健課などとの連携の場をつくるべきだ。そうすることで地域に農業が根付き、若い世代にも営農意欲がわくようになる。やがて次の世代が地域の経済を担っていくだろう。

この提案は、もちろん、当てずっぽうではない。フランスやドイツ、イタリアには、自治体が有機農業を推進しているところが多く、需要も高いことから、毎年10パーセント以上伸びているという。その地域には有機農産品を専門に扱う生協もある。また郊外や農村部には地域の景観にあった店構えで、地域の食材を提供するレストランが多くあり、そこには海外も含めて多くの人がやってきている。専門のガイドブックも毎年出されているのだ。

歴史・文化から地域の独自性を発見し食に活かす――「山形在来作物研究会」山形県鶴岡市

山形県鶴岡市では、伝統的な野菜（在来種）をめぐって、非常におもしろい連携が成功し、大きな注目を集めている「山形在来作物研究会」がある。私も『地域ブランドを引き出す力』（２０１１年、合同出版）などさまざまなメディアで紹介してきた。

鶴岡市は、庄内平野の南部に位置し、西側は日本海に面し、南側は新潟県との県境にある。江戸時代には、庄内藩の城下町として栄えた。この地で、地域食材を使ったイタリアンレストラン「アル・ケッチャーノ」を営む奥田政行さんは、さまざまなメディアで登場しているのでご存知の読者も多いことだろう。

市内には、ほかにも民家を改築した農家レストランがあり、農産物を自ら栽培し、その素材を活かした郷土料理が評判で、全国から客がやってくる。長南光《ちょうなんみつ》さんの「知憩軒《ちけいけん》」や、小野寺美佐子さんの

⦿農家レストラン「知憩軒」の長南光さん

「菜《な》ぁ」である。いずれも、一般財団法人都市農山漁村交流活性化機構が選定する「農林漁家民宿おかあさん100選」に選ばれている。

遠方から彼らの店に集うような感度のいい客は、女性であることが多い。彼女たちは、ヨーロッパなどにも旅をし、食事を楽しんでいたりもする。そんな彼女たちが国内旅行に行くとなれば、景観がよく雰囲気があり、その土地ならではの料理を食べたいというものだろう。

奥田政行さんや長南光さん、小野寺美佐子さんたちは、たまたま鶴岡にいて、個々にレストランをオープンし、注目されているというわけではない。彼らは、山形在来作物研究会立ち上げの中心となった山形大学農学部とともに県内の在来野菜類を発掘し、食材研究・調査の成果をリスト化に協力し、テキストとして出版するなどの活動を一緒に展開してきた。こうした連

◉「山形在来作物研究会」が作成した『庄内の在来作物でつくるレシピ集』

携した活動を山形県や、地元の新聞など多くのメディアも支援をしてきた。

例えば、だだちゃ豆、藤沢カブ、バンケ（フキノトウのつぼみ）、ウルイなど、この地域に根付いていた在来の野菜類は、大型流通のシステムの中では扱われなくなった結果、栽培されなくなり、失われたりしてきた。しかし、時代は変わった。

地域の特性を活かしたオリジナルな料理を創作したいと考えた料理家、地元の産物をきちんと調査をして、食材、食文化の裏付けをとってきた山形大学農学部や山形県、その地域でしか味わえないものを楽しみたいという消費者の欲求が、うまくマッチングしたのだ。

今では山形県以外にも、「在来作物研究」を冠した取り組みは広がっている。

第2章　自治体だからできる地域の再発掘と創造

人びとを魅了する地域がもっている7つの共通点

これまで北海道から沖縄まで、全国1000カ所以上を訪ねた。そのなかで、地域の特性を明確にして、オリジナリティの高い特産物を開発・販売して、地元の人にも観光客にも変わりなく、多くの人びとを魅了し、惹きつけている地域があった。そのような地域に共通点を見つけた。

①行政職員が地域を熱心に巡り、現場からよく学び、地域の特性を理解して、そこから政策をたてている。
②現場に派遣された行政職員が、積極的に地域連携をはかっている。
③人任せにしないで、自分たちで発信をしている。
④モノマネではない、地域ならではの特徴を活かしている。
⑤政策をたてる際、地域の課題・問題が共有化されている。

⑥問題意識が明確になっているので、担当職員の異動があっても、課題を継続できる。
⑦首長が方針を明確に理解し、地域の状況を語れる。
とても印象的だったところを数カ所挙げてみよう。
●高知県――人材教育に力を入れ、農業向け、商業向け、中小企業向けなどに講師の派遣や研修事業を行なったりしている。県の職員が現場に赴き、政策を一緒に考えるなどの事業がある。
●兵庫県豊岡市――コウノトリの放鳥をシンボルに環境政策の発信と産品のブランド化と海外観光誘致を連動させている。
●島根県隠岐郡海士町《おきぐんあまちょう》――特産品を本土に直接販売をし若者や学生を誘致する政策を打ち出す。
●長野県飯田市――合併前の地域を主体に土地の特徴を政策に反映させる。
●長崎県長崎市――地域にある文化資産を連携させて歩く観光を成功させた。
今、これを読んでいるあなたが、自治体職員であるならば、すぐにでも研修・見学を申し込んでほしい。たくさんの学びがあるだろう。

獣害対策から生まれた地域ブランド――「みえジビエ」（三重県）

三重県には、自治体が主導するユニークな取り組みがある。ジビエの活用だ。ジビエは、フランス語で、食材として狩猟された野生の鳥獣やその肉を指す。

全国を巡り、農村部に行くと、どの田んぼや畑にも電気柵が巡らされているのを見れば、農村・山間地で、鳥獣害が問題となっていることは、推して知るべしというところだろう。まず見ないということがない。農林水産省の２０１１年の推計によると、農業被害は年間２２６億円。その半分近くが、イノシシとシカによるものである。

三重県でも深刻だった。県の担当者は鳥獣害をジビエとして、食材に転換をすることで、新しいブランドを形成していこうと、マイナスからプラスへと思考を１８０度転換した。

「ジビエ」という言葉は、日本では馴染みがないと感じるかもしれない。食材として育成される畜産鳥獣と対比するとわかりやすいだろう。ジビエの本場フランスではジビエ料理が多くある。イタリアでもシカ肉のレシピがたくさんあったり、イノシシ肉の生ハムが売られてもいる。中国料理にはジビエメニューがじつに多彩だ。

じつは、日本でも野生の獣肉食は、そんなにめずらしいものではなかった。獣肉食が禁止や敬遠される時代もあったが、例えば歌川広重の『名所江戸百景』にある「びくにはし雪中」という浮世絵は、雪景色の京橋（古名で比丘尼橋）付近を描いた作品だが、料理店と思しき「山くじら」という看板が印象的だ。「山くじら」とはイノシシの肉のことである。

最近では、海外で修業をしてきた料理人が、銀座のビストロで、シカ肉料理を出し、若い女性に人気を博していたりする。彼女たちは、海外旅行などでジビエ料理に触れていたり、そもそも食への好奇心が旺盛なのだ。

日本の農村には、どの役所にも鳥獣対策課がある。圧倒的に多くの役所で議論されている「対策」は、電気柵でどう防ぐか。ここにイノシシやシカなどのジビエ文化を理解している人を配置し、解体から出荷までのシステムを導入すれば、日本の多くの農山村が頭を抱える害を益に変化させる可能性がある。もちろん、森の動物たちが生息できる森林環境の整備が必要なことはいうまでもない。

県と関連業者が一体となり高品質を維持

三重県のジビエ政策の肝は、『「みえジビエ」品質・衛生管理マニュアル』(2012年)を作成し、解体場所の認定、スーパーマーケット、レストラン、料理店などをつないで、販売ができ、食べる場まで、川上から川下までの流れをトータルにプロデュースしたことだ。

このマニュアルには、捕獲から放血、解体、解体場所の基準、出荷までが細かく示されている。また、県の認可を受けないと、「獣肉」を「みえジビエ」として販売ができないこととなっている。認可の条件は、畜産と同等に厳しく設定されている。なお、「みえジビエ」として商標登録も行なわれている。「みえジビエ」の主力商品は、シカとイノシシの肉である。

現在、三重県で捕獲販売されるシカは年間約960頭、イノシシは年間300頭。指定している解体処理施設は伊賀市、亀山市、津市、大台町など6カ所、加工製造施設2カ所、販売店舗25カ所、飲食店・宿泊施設など55店舗で提供されている(2015年10月登録事業者一覧)。人気が高く、市場では品物が足りない状況だという。

捕獲・解体・出荷のモデルになっている事業者の一つが、伊賀市の山間地にある「いがまち山里の幸利活用組合　かじか」だ。現在8名が従事している。もとは、有限会社として山林の間伐、草刈などの事業を手掛けてきたが、任意団体として、本格的にジビエの事業を立ち上げたのは、2012年12月。4名が専属で従事している。

代表理事組合長は、中森秀治《ひではる》さん。もともと山の仕事をしていて、身近にもシカによる農産物の被害が多いことから、ドッグフード用にジャーキーに加工して販売をしていた。それをきっかけに、県からジビエをやりたいと相談があって、この事業を立ち上げたのだそう。中森さん曰く、

「シカの捕獲は年間で約400。1日1頭を目標にしてきたので、少し多いですね。自治体が「みえジビエ」として営業をかけてくれているのでありがたい。地元を中心に、関東のレストランにも15軒ほど、ホテルで15軒ほどに出荷しています。三重県が放血や血抜きや品質基準、衛生管理のマニュアルをきちんと作っているから肉に臭みがなく食べやすい。全国一なのは間違いありません」

ちなみに放血とは、捕獲後すぐに血を抜いてしまうこと。それをしないとどうしても獣の臭みが残ったり、味そのものが落ちてしまう。血抜きとは、肉を解体するときに残っている血をきれいに取り除くことをいう。

解体施設のための設備投資額は、1200万円。その約4割は、県からの補助だ。洗浄から解体、出荷までが別々の部屋になっており、衛生基準も明確化されている。

⦿箱罠にかかったシカ。罠はネットワークカメラで24時間監視、遠隔操作できるようになっている

勝因は徹底したトレーサビリティ

中森さんに同行し、捕獲の現場を見せていただいた。使われている捕獲罠は、7、8頭が入る大型の檻で、三重県で検証実験がされている特別なもの。山林と道路の境、川沿いの草地に設置してあった。ここはシカが水を飲みに、平地に降りてくるところだそうだ。檻にシカが入った場合、すぐに捕獲に駆けつけることができる場所でもある。

エサとなる干し草（ヘイキュウブ）や米ぬか、野菜などが中においてあり、シカが食べにきて入ると、入口の柵を遠隔操作で落として閉めることができる。檻から離れたところには、小さな太陽光パネル付きカメラが設置されており、県の獣害対策課で観ることができるように

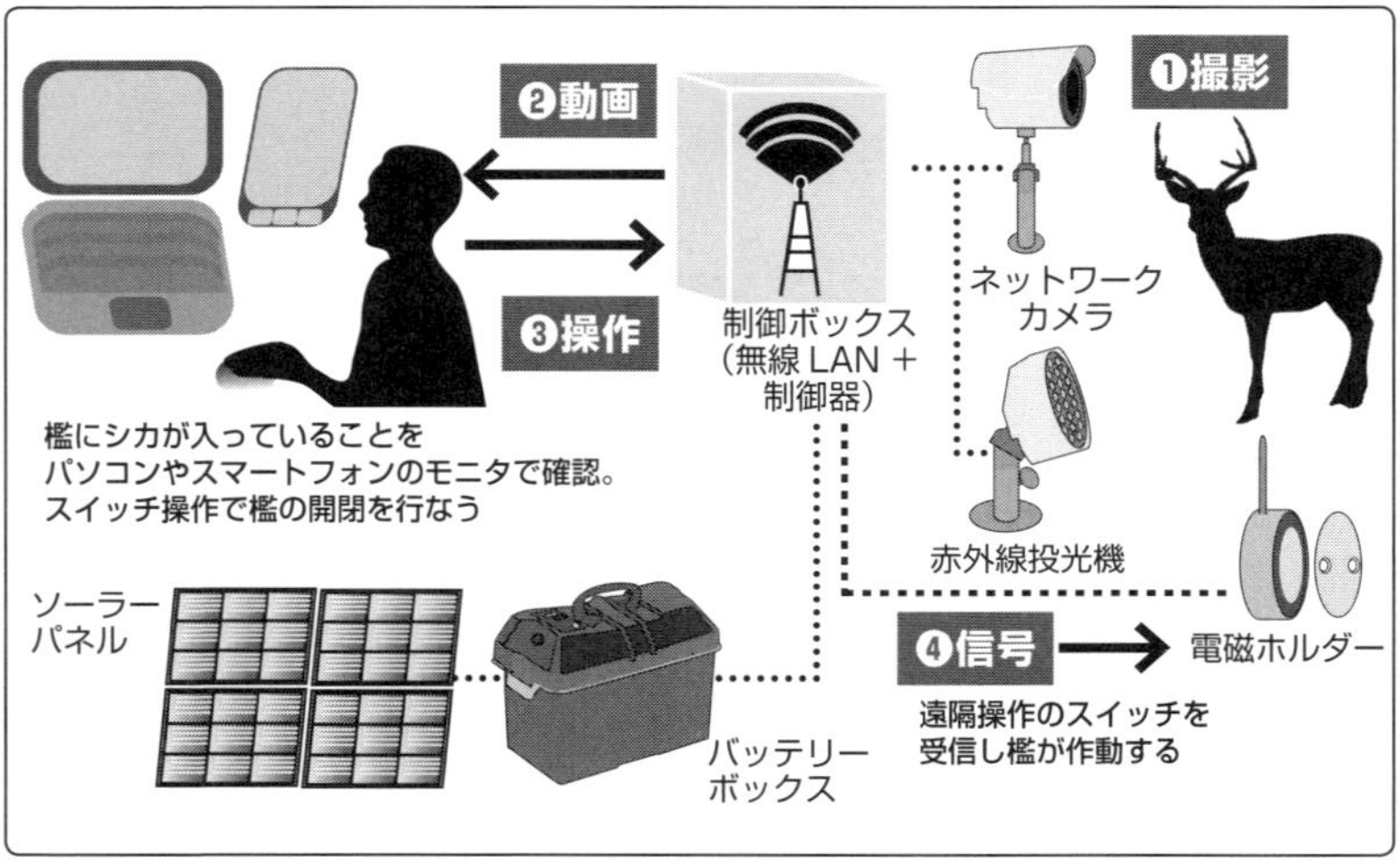

⦿罠の遠隔監視・捕獲システム（三重県ホームページ［http://www.mate.pref.mie.lg.jp/marc/KenSeika/H24/06hokakun.pdf］をもとに作図）

なっている。シカが入ると、中森さんのところに電話で連絡が入る仕組みだ。捕獲は、ほとんどこのような檻を使って行なわれている。

また、地元の猟友会にも周知され、猟友会で捕獲された場合にも、中森さんに連絡がいく。

すでに死亡しているものや、腹部に被弾し、内容物が漏れたものは、肉が汚染されている可能性があるので利用できない。また、すぐに放血しないものや、24時間以内に4℃以内で保管されていないものは製品化できないなどの管理規定が定められている。

檻で捕獲したシカは、電気ショックをかけて、その場で血を抜く（放血）。そして解体施設に運び込むが、移動時間もマニュアルに規定があり、鮮度保持のために夏場は60分以内、冬場は90分以内と決められている。

「抜いた血はどうなるかと、よく聞かれます

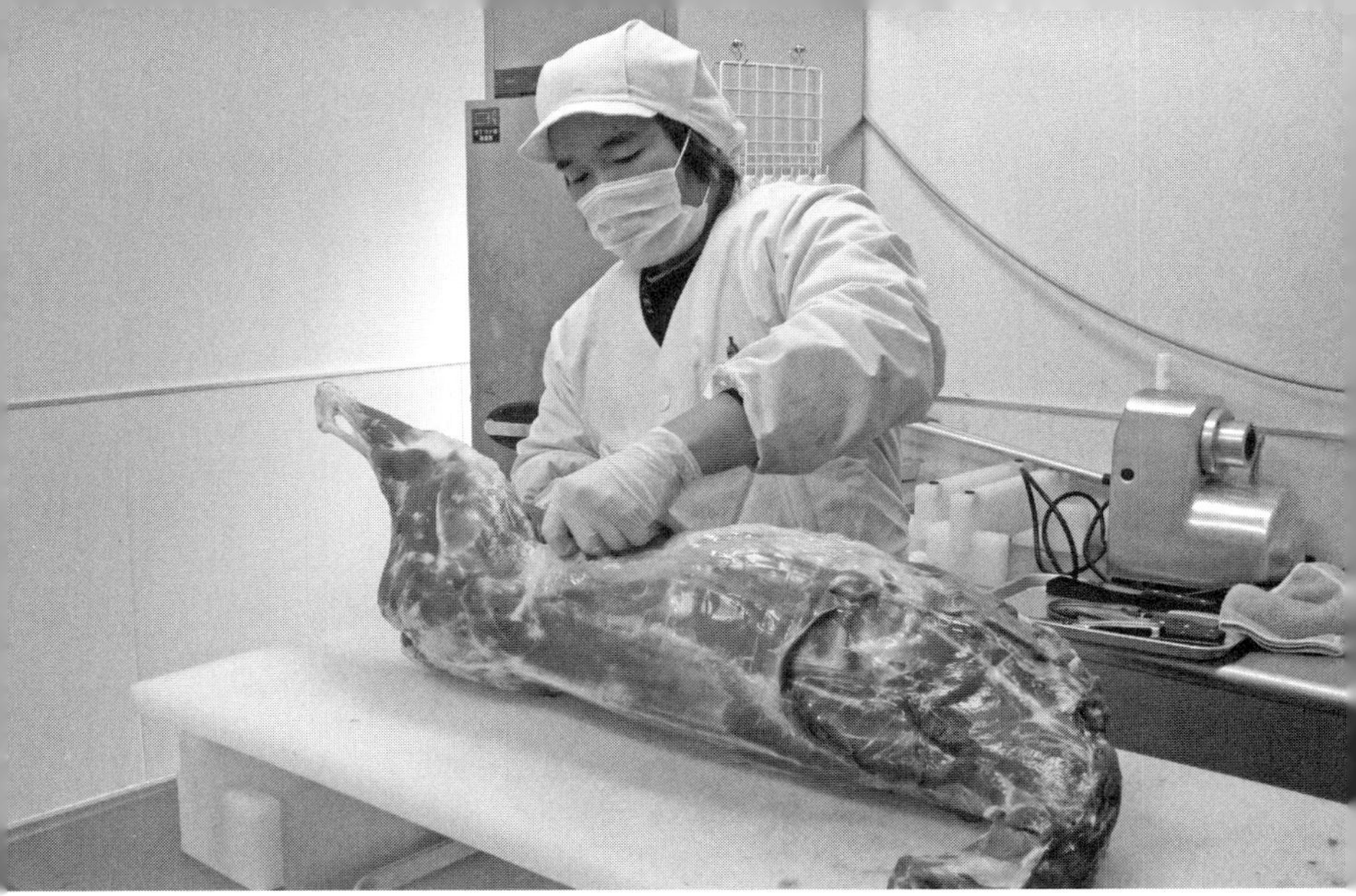

⦿加工施設で切り分けられるシカ肉

が、じつは、地面に流したまま。そのあとまた獣が来て、綺麗に舐めてしまう。自然循環ができているんです」

解体して部位ごとにパックして出荷する際も、どの部位の肉で、いつ解体され、何歳のシカかなど、流通の履歴を残している。ここまでジビエの基準とトレーサビリティが徹底されたのは、おそらく三重県が初めてだろう。そのことで信頼度が増して取引が容易となっている。

解体されたシカのロース肉は1キロ6800円、もも肉が1キロ6500円で販売されている。あばらは、ドッグフード用になる。皮はなめして名刺入れなどに使われる。

「レストランで食べて気にいったので、すぐに送ってほしいとも言われるが、なにせ自然相手だから、量は取れない。評判はとてもいいです」と中森さんも強く手応えを感じている。

イノシシは、1キロ８０００円で販売されている。シシ肉も人気で、品薄状況だという。

中森さんが三重県のジビエブランド化に積極的にかかわったのは、シカの害が増えていることを実感したからだそうだ。

「植林をしていて、昼ごはんを食べにいっていたら、もう苗木がシカに食べられていた。米も被害がひどかった。15〜16年前は、シカもサルも出なかったが、山にエサがなくなって、おいしいエサがある麓《ふもと》に出てきた。温暖化でシカの繁殖が増えたとも言われている」

この地区は１２０戸だが、ほとんどが農業を営んでいる。兼業が主体で米を栽培している。稲作の被害のほか、シカが車にぶつかる事故も多かったという。

「近年は交通事故も少なくなっている。実際、この近辺で年間３００頭近くを獲るので、減るでしょうね」

調理の現場で

では、実際に料理を使う現場はどうなのか。三重県亀山市の住宅街にある中華店「中国名菜しらかわ」のオーナーシェフ白川貴久さんは、メニューにジビエを入れている。

「ジビエは使いたいと思っていたんです。そこへ三重県から提案があったので、願ったり叶ったり。プロジェクトを聞いてワクワクしましたね」と、シカ肉のオイスター炒め、シカ肉の四川風甘辛炒め、シカ肉の特製チャーハン、シカ肉のスパイス炒めなど数種類を考案。コース料理もある。

「『ジビエはちょっと』と言われるお客さんもいます。でもお出ししてみると、『美味しかった』と喜ばれます。高たんぱくで低カロリーということから女性の方に人気があります」と白川さん。

イノシシ、シカの一般向け料理教室の講師も務める。

「中華料理には本来、さまざまなジビエ料理があるんです。ところが日本では使えなかったので、豚や鶏で置き換えている料理もある。それでジビエが使えるとなれば、本来の中国料理の広がりが出せる。「みえジビエ」というブランドがあることで、店にもお客さんにとっても安心になっている。三重には野菜、魚、肉など、さまざまないい食材がある。県のフードイノベーション課が、それを応援している。うちだけ潤ってもだめ。究極は家庭でも、「みえジビエ」を使えるまで浸透してほしいですね」と言う。

加工の現場で

シカ肉の加工食品を出しているのは、伊賀市にある株式会社サンショクだ。焼き豚、ハム、ソーセージなどの食肉加工品の製造・販売、牛肉・豚肉・鶏肉などの食肉卸、惣菜の製造・販売を手掛ける。有名百貨店、大手スーパーマーケットなどに卸している。

ジビエは、「三重県×サンショク　コラボレーション　みえフードイノベーション」の名前で、スー

⦿使いきりサイズにパッケージされた「みえジビエ」の加工品は、株式会社サンショクのソースや、ジビエにあうワインとともにスーパーで陳列される

パーマーケットチェーン「マックスバリュ」の14店舗で販売されている。商品展開は、鹿肉の赤味噌漬け、鹿肉の白味噌漬け、鹿肉丼、鹿肉ミンチ、鹿肉ロースステーキなど。人気はハンバーグだ。

百貨店、地域エリアグループ担当営業部長の中野和彦さんは、次のように語る。

「うちは三重ブランドの松坂牛、伊賀牛、サクラポークなどを扱っています。百貨店、スーパーマーケット、コンビニなどに焼肉やしゃぶしゃぶ肉などを卸している。そのラインナップに、「みえジビエ」が加わった。ほかにないものを扱えるというのも魅力です」

この会社が、加工を始めたのも、県から相談を受けたことがきっかけだ。もともと、ジビエ用の加工施設も調理器具もなかったこの会社を口説いたのは、「儲からないと続かない。儲かるからやってくれ」という県の担当者の一言。

「県と保健所の指導のもとに牛、豚とは別に加工施設をつくりました。調理器具も部屋も別にしています。解体をするかじかさんができて、距離的にも近い。保冷車で持ってきてもらえる。県と保健所も近い。『品質の安定したおいしい商品ができる。そちらの力で売ってくれ』と言われた。本気度が違った。『ボランティアならやらなくていい』とも言われた。それで動かされた」

県の自信も、作成したマニュアルの賜物だろう。シカ肉は、猟師の血抜きの腕によって、品質にばらつきができやすい。しかし、捕獲方法から一貫したマニュアルに沿った生産・流通工程を整備しているので、その心配がないのだ。

悩みはジビエは自然のものなので、大量供給ができないこと。見込みで生産ができないことだというが、この会社でも、出荷は伸びているそうだ。

ジビエの取り組みが広がらない「4つの要因」を打破する

これらの一連のジビエの流れをつくった県の担当者が、三重県農林水産部フードイノベーション課の清《きよ》田《た》卓也《たくや》さん。

「２０１１年に立ち上げました。行政が先導を取り、県内の業者のスピード、アイディアをつなぎ、集団で取り組もうとなった。ジビエをポジティブにとらえてもらう。

地産地消を掲げていても、野菜や果物と、シカ、イノシシが同等にならない。調査をしてみると、食べてみたいというのは2割。あと8割は、臭いとか固いと思われていて、ネガティブなイメージだった。その負の部分を一つひとつつぶしていって、安全安心を明確にしようと考えたのです」

各地のジビエの取り組みを調査したところ、なかなか普及しない要因が見えてきたそうだ。

①屠殺《とさつ》と放血、解体などを適切に行なうように基準をもうけていないことから、肉の劣化、匂いが出るなど、品質管理ができていない。

②捕獲の基準が決められていないことから、肉の品質が保てない。

③解体のための処理場の基準が設けられていないことから、安全安心の出荷態勢ができていない。

④売り先が開拓されていないために、売り場がなく、活用がされにくい。結果、安値で販売されてしまうために持続的な取り組みにならない。

そこで、捕獲、放血、屠殺、解体、保管などのマニュアルを整備して、その基準を守ってもらい、それと同時に県で売り場を開拓をして、販売までを保障をしていくという取り組みを実施した。

2012年に、全国でチェーン展開する「カレーハウスCoCo壱番屋」で県とのコラボレーションによるカレーのイベントを行ない、トッピングメニューとして出してもらった。これをきっかけに、一般的にも認知度が上がったとのことだ。

「イノシシは豚と似ているので受け入れられやすかった。そこでシカを中心に力を入れている。高タンパク質で低カロリーでヘルシーな肉で知られる。安全性を明確にするためマニュアルを作り、解体処理をしている人たち向けの研修会を開き、血抜き技術などの指導も行なった。シカは暴れると肉が白くなる。食べても安全性は問題ないけれど白くなった部分のトリミングをしてくださいと徹底させた」（清田さん）

販売にあたっては、とにかく以下の5点を徹底している。

①1年中、定番で店頭販売してもらうこと。
②シカは冬季と思い込まれているが、夏も美味しいということを知ってもらうこと。
③火を通してもらい、生では提供をしないこと。
④「みえジビエ」のマニュアルに沿った製品を扱うこと。
⑤保健所に許可を受け登録された解体業者の製品を扱うこと。

「フードイノベーション課の営業力がすごい。販売先をつくった。これを個人でやろうとしても無理。このジビエの取り組みは、農家にとっても大変ありがたい。公務員でこんなに働いているところはないでしょう」と、かじかの中森さんも言っている。

三重県の獣害対策の今後

解体施設は6カ所あるが、いずれも、かつてジビエを扱った経験があるところ。その指導・衛生管理を徹底した。解体処理施設は分散することで、地域の実情に沿った対応ができる。解体業者には、県の認可を受けた施設をつくってもらい、衛生管理も明確にすることを決めた。

「ハンターが銃で撃つのでは趣味の領域。コンスタントに獲り、販売することを目的とするとあてにできない。捕獲は個体を傷つけないよう罠が基本です。大型の檻が開発されているので、それを勧めている。農家が檻で捕獲しても、血抜きまでは怖くてしないという人が多い。農家から引き取って、血抜き・解体処理できる人が必要。そこで、保健所で解体処理業者を認定し、捕獲と解体をきちんと連携させる仕組みを作ったのです」と清田さん。

現在、鳥獣害対策で捕獲したシカやイノシシは無償で解体処理場に提供されているが、今後は、捕獲をしたものは1頭あたり3000円ほどで購入するようにしていきたいという。

一方で、森林整備も進められているという。

「獣害が増えているのは、森林に手を入れていないのが要因の一つ。間伐が必要ですね。植林だけでなく広葉樹であっても、そのままにしておくと、下に陽が当たらなくなる。すると実がならなくなる。やむえずシカやイノシシが人里に降りてくる。森に手を入れることがキーポイントです。三重県では森林整備環境条例で広葉樹の間引きや間伐を進め、生物多様性の森づくりを行なっています。獣害対策としても森林の整備事業をしたことがあります。今後も進めていくことが大切です」と清田さん。

ジビエの捕獲・衛生管理・処理場の整備と販売先の確保。同時に適切な森の環境づくり。これらの一連の流れをシステム化した三重県の取り組みは、全国のモデルケースになるだろう。

第3章　埋もれていた地元の伝統工芸を海外向けマーケティングで再生

町探索のワークショップから――福井県越前市

2015年4月、福井県越前市で活動する「武生《たけふ》青年会議所」に呼ばれて越前市にうかがった。

出会いは、代表として3名の方が、わざわざ東京に来て、現地でアドバイスをしてほしいという要請がきっかけだった。

その後、再度の上京の際、「事業計画書」を持参された。計画書には、地域の資源を活用した新たな事業とそれによる雇用の創出、観光による交流事業などを起こしたい、それを担うことができる人材を育てたいとあった。また、これまでのいきさつ、会議の議事録、目標など、自分たちの議論の経過が詳細に書き出してあった。

これだけの事前準備をしたうえで、一緒に街を歩いて、そこから、地域のあり方をアドバイスをしてほしいという懇切な要請はあまり例がない。感銘を受けてしまった。

こうして越前市に行くこととなった。まるまる2日間、時間をとった。

青年会議所のメンバーが呼びかけて人を集め、2日間のワークショップが計画されていた。地域資源を活かした町づくりのアイディアを参加者が出し合い、実際に取り組むための政策を作ることが目標だった。

主催者のリクエストによれば、1日目は、講演前に町を一緒に歩き、夜の講演会ではその感想も含めて、町づくりに関心のある人向けに各地の事例を紹介しながら、身近なヒントとなるように具体的に話してほしいとのことだった。

当日の講演のテーマは『地元の力　地域力創造7つの法則』。これも武生青年会議所のメンバーがあらかじめ筆者の著作から抜き出し、書き出してきたものだ。

①「デザイン力」　トータルな仕組みづくりが道を拓く
②「発信力」　核となるものをどうつかむか
③「知恵力」　発想次第でまちおこしはいくらでもできる
④「コミュニティ力」　「地元」の力をどうやって見出し育むか
⑤「編集力」　手元にあるリソースをどう活かすか
⑥「伝統力」　昔ながらのものの価値と知恵を見直そう
⑦「連携力」　組み合わせれば1＋1は3にも4にもなる

地域にあるものを新たな視点でつなぎ、その個性を見出せば、町に活気が生まれる。コーディネートにあたって、活力のある地域はこの７つのキーワードをもっていると感じている。

地域の自然風景、町にある歴史的建造物、街並み、技術力のある人、中小企業、宿泊、食べる場、食材から料理など、もう一度新たな視点（外部からの目線も大切）を加えて、全体の調和を考えていけば、大きな動きとなる。

若い力や、アイディアのある人、若い料理家、農家、大学の先生など、これまでになかったメンバーをつなぐだけでも、新たな知恵や実践が生まれる。既成概念や、過去の習慣などにとらわれず、地域にある人や素材を、きちんと再検証して、新たな若い世代や、今の時代のニーズに合ったものに組み替えることによって、新しい動きをつくり出している。

例えば、歴史文化、地域の食、歴史的建造物などを、官民連携で歩いてマップ化し、今までにない歩く観光ルートを作った長崎市の「長崎さるく」、地元のかぼちゃの歴史、品種、料理会などを組み合わせ、農家の民家でのツアーを組み込むなどで、村全体のことを紹介することで、食のブランド化事業につなげた高山市の「宿儺《すくな》かぼちゃ」などを挙げて各地の事例を紹介した。

２日目は、１日目の参加者で、実際に計画づくりに参加希望したいという人に集まってもらいグループに分かれ、ワークショップ形式でディスカッションをして、具体的に、どんな地域資源があるのかを挙げてもらい、それをもとに後日計画書をつくり、発表するという。その計画書についてもアドバイスがほしいという。

また２日目のワークショップの前に、１日目と同じテーマで、各地の事例を紹介してほしいという。聞き手は、1日目とダブるので前日とは異なる事例を紹介してほしいということだった。つまり、一つのテーマで2例紹介をするとなると、14事例が必要となる。

ここまで細かに要望を出してきた講師依頼も珍しい。主催者はやるき満々である。要望に応える形で、7つのテーマにそった2本のパワーポイントを作成した。

越前市を歩いてみると……

越前市の資料を見ると、福井県のほぼ中央部。2005年に、武生市と今立《いまだて》町が合併。世帯数約2万7500、人口約8万5000人の中位の地方都市だ。

江戸期は城下町として栄えた。近年では、電子部品や輸送機械、繊維工業などが盛んで、伝統産業では越前和紙、越前打刃物などがある。農業は稲作が中心で、スイカや菊、蕎麦などが栽培されている。コウノトリを放鳥させる環境づくりも行なわれている。

人口は、年々減少傾向であり、高齢者が増え、市の中心部でも空き家が増えている。産業もやや下降気味だ。越前和紙は、廃業するところも増えている。農家の廃業もある。こういった傾向は、ほとんどの自治体で同じようにある。そういったなかで、どう新たな事業を創出するかは、全国的な課題といっていいだろう。

一方で、越前市では街並みの保存や、にぎわいを創出する歩ける街づくり、コンパクトシティなど

⦿越前市の蔵の辻地区は、白壁の蔵が並び、所々に腰掛けが置かれるなど街歩きを楽しめる

も進められている。青年会議所のメンバーと一緒に街を歩いてみると、市内には、情緒豊かなところがたくさんある。街並みづくりや、伝統の工芸を守っていく取り組みもされている。

街歩きをしながらも、いろいろとアイディアが湧いてくる。さまざまな地域資源がたくさんあり、それらを組み合わせていくことで、新たなものが生まれる可能性が多く存在していると思えたからだ。参加者からもこんなことができるといいかも、といった話が次々に出てきて楽しいものとなった。

すでに、若い人たちが、料理店を出したり、カフェを作ったり、イベントをしたりと、動き出しているものもある。

例えば、青年会議所の若いメンバーに、薬味「山うに」を製造販売しているという人がいた。柚子と唐辛子と塩を混ぜたもので「柚子胡椒《ゆずごしょう》」

と似たものだ。赤唐辛子を使用するので、色は赤っぽい。昔からこの地域の家庭の味として親しまれてきた。その人の本業は、洋品店。周辺に空き家が出ており、地域の活性化に少しでも貢献できないかと、自家製の調味料を販売しているとのことだった。

「山うにを販売するだけでは難しい。食べられる場が必要。例えば人気の焼肉屋さんと連携するというような、実際に食べてもらえる場を用意する必要がありますね。それに山うにを作っている地元の紹介や作っているとか人を丁寧に写真で紹介するホームページがあると、地元限定というブランド性が出てくる」。私はこんなアドバイスをした。

それから、越前は蕎麦が有名だ。おろし蕎麦の薬味には辛み大根を使う。聞けば、近くに美味しい店があるという。

「蕎麦が栽培される場所、品種、環境、花粉を仲介する昆虫なども、専門の情報を試験センターや大学との連携で調査して、ホームページで公開する。大根も品種や、栽培の場所、歴史が出てくれば、独自の情報サイトになるよね。こんな地元情報の発信をふるさと納税にもマッチングさせる」

越前和紙をめぐるビジネスチャンスを探る

参加者の中に家業を継いで和紙漉《す》きをしている若いメンバーがいた。最近は、廃業をする同業者もあり、先行き不安といった話であった。私からは、こんな提案をした。

「大学と連携して、留学生に、日本文化の和紙を学ぶという講座にしてもらってはどうだろう。条件はスマートフォンやタブレット端末を持ってきてもらうこと。それと、和紙漉きの場に無線LANを導入すること。そうすれば、その場で海外に発信できる。海外から、どんなものに使えるか提案してもらう、リサーチするってのはどう？」

「そのアイディア、和紙の組合の会議で出していいですか」となった。

滞在中に案内された場所で興味を惹かれたのが、和紙の里通り（越前市新在家町）にある、手漉き和紙の見学ができる「卯立《うだつ》の工芸館」だった。海外からの見学者がいるかと尋ねると、よく来ると言う。ただ、対応ができないので、和紙好きが高じてこの町に県外から移住してきた英語と中国語ができる女性の人がいて、その人にお願いしているという。

その彼女に会わせてもらった。なんとヨーロッパからも問い合わせが来ていて、長期滞在をしたいと要望も多いそうだ。個人なので対応が追いつかない。長期で宿泊できる宿がないので、寺を紹介しているという。これこそビジネスチャンスではないか。

①彼女の協力を得て、英語のサイト、ルートマップをつくる。
②長期滞在者に向けて、空き家をリノベーションして、宿泊施設にする。法的規制に対しては特区を申請をする。
③観光協会と連携してインバウンド（海外誘致）を行なう。
④空き家のリノベーションは窓を二重にし、省エネ型の空調や、再生可能エネルギーを導入する。

そうすれば、地元の建設業や工務店に新たな仕事が生まれる。

などなどと語ったら、青年会議所のメンバーが「うーん」と唸って「面白い。やってみたい！」と声があがった。彼らがこのアイディアを参考にして一歩を踏み出すことを夢見ている。素晴らしい越前の訪問だった。

インターネットの口コミで思わぬ集客――「タケフナイフビレッジ」（福井県越前市）

武生青年会議所の2度目の訪問の最後の日。

「どこか見たいところありますか？」

「特にないです。お任せします」

「では、越前市は包丁が有名なので、「タケフナイフビレッジ」に行きましょうか」

案内された先で目にした光景には、本当に驚いた。２０１５年4月の越前市の町歩きで提案したことが、実績としてとっくに生まれていたのだ。

政府の掲げる地方創生には、文部科学省も絡んだ取り組み項目として、文化を新たに見直し、地域資源として活用していくことが謳われている。海外観光客の誘致や、海外への日本食の輸出も話題になっているが、ここ越前市では、特産の伝統工芸品である包丁をグローバルな視点から文化資源として位置づけ、早くからこの取り組みがされていたのだ。

⦿タケフナイフビレッジの建物。左の棟が工房で、右がショールーム

商品が海外で人気があるばかりか、商品が現地に人を呼び込んでいた。それが、福井県越前市にあるタケフナイフビレッジの包丁だ。

1991年に、町中にあった伝統工芸に携わる11名が事業協同組合を作って立ち上げた施設だ。市郊外にあり、周辺は田園地帯だ。大きな円筒形を縦と横につないだような建物で、中に入ると、大きなショールーム。奥には、製品を製造する工房がある。

ショールームには、包丁はもちろん、さまざまな種類の刃物が並ぶ。牛刀、ハムスライサー、ペーパーナイフ、鋏《はさみ》、鎌など、その数は、ゆうに100種類以上はある。工房では、階上から、包丁づくりの作業工程を見学することができるようになっている。体験教室もある。

今では、工房見学に年間1万3000名が訪れる。越前市は人口8万5000人なので、集客の多さは際立っている。観光バスツアーは東尋坊《とうじんぼう》の観光と、和紙づくり、タケフナイフビレッジの工房見学や体験教室を組み合わせている。個人客では、包丁購入はもちろん、研ぎをしてほしいという人もやってくる。全国からガイドブックを頼りに来訪する客が多い一方で、地元の客も多いという。

「びっくりしたのは、プロポーズのために来たという男性。将来の奥さんのために包丁を作って贈りたいと言って来た。実は体験教室で包丁づくりをして、これをユーチューブ（動画共有サイト）にアップした人がいて、それを見た若い人から注文がくるようになった。私たち、ユーチューブなんて知りませんでしたから。それはなんだ？　ということで若い人にパソコンのレクチャーを受けるところから始めたくらいです」と、事務と販売を手掛ける戸谷しのぶさんが話してくれた。

海外から人を惹きつける「包丁」

彼女がなによりも驚いているのが、海外からの客の増加だという。包丁の品質の良さを噂に聞いた海外の個人客が、わざわざ包丁を求めて現地まで訪ねてくるようになった。とくに熱心なのは、イギリス、フランス、ドイツといったヨーロッパ、それにアメリカが多いという。

「テレビで、日本の包丁が売れていると言っていました。東京の道具問屋街・合羽橋《かっぱばし》でも海外から来たお客さんに人気と聞きました。実感していますね」

海外からの客は、20代、30代、40代がメイン。時期によっては家族連れも多いそうだ。年々、増えていて、ネットで検索をして調べてくるのだという。

「（この状況は）信じられないくらい。日本に旅行するからと、わざわざ訪ねてくる。最初は、どこで知ってくるのだろうと状況が飲み込めなかった。海外で使っている方がフェイスブックやユーチューブでアップしているのだとわかった。この施設にはＷｉ－Ｆｉが入っているので、見学者がスマートフォンを使ってＳＮＳ（ソーシャル・ネットワーキング・サービス）を通じて紹介をしてくれているようです」（戸谷さん）

1万～2万円クラスの高級包丁がよく売れ、お土産用には６０００円くらいのものを、購入する人が多いという。クレジットカードを利用できるようにしている。

インフォメーションカウンターには世界地図が貼ってあり、各国から越前市までが線でつながれ、どこの国から観光客が来ているかが可視化されている。それを見ると、ヨーロッパの各国、そして、台湾、香港、ブラジルなどにつながっている。

海外客の旅行経路を聞くと、東京→京都→広島というコースが多いという。その行程の中に、包丁を目当てに越前市に寄るという。東京から越前市に入るには、東海道新幹線米原駅で乗り換え、武生駅下車で3時間12分。個人客は、ＪＲ、バス、タクシーなどで乗り継いで来ているという。なかには、ツーリングや自転車で来る人もいる。

「一度、大雪のときに、エアカナダのパイロットの方が、わざわざタクシーでみえた。こちらは大雪で除雪をしていて、休館にしていたんです。せっかくお見えになったからと、職人さんに頼んで、

火をおこしてもらい、工房で包丁づくりを見ていただきました。通訳はｉＰｈｏｎｅの翻訳機能を使いました」（戸谷さん）

最近では、台湾、香港といったアジアのお客さんも増えているいう。

「越前市には電子機器の株式会社福井村田製作所があり、日系ブラジル人が多く働いています。もうすぐ帰国という人も、訪ねて来てくれます。

また名古屋にお寿司を教える学校があるらしく、そこで学んで、自国でお寿司屋さんを開きたいと、包丁を求めに来る方もいます。こちらは柄《え》までがステンレスになっている『アルタス』（商品名の一種）がいいと購入していく方が多いですね。

外国人のお客さんは、みなさん、じっくり見ていかれます。滞在時間も長い。職人さんの仕事と顔を見て、写真を撮って、1時間くらい。そして包丁を購入される」と言う。

戸谷さんは、海外客の増加にともない、英語の解説書も作ってもらった。月2回、英会話も習うようにしたそうだ。

「越前市にＡＬＴ（外国語指導助手＝学校の英語授業をサポートするために海外の英語圏から大学を卒業した青年を日本に招致する制度）で来た方に英語を教えてもらっていました。その方が言われたのは『ここの包丁の強みはハンドメイド』ということ。『工場を観てもらうこと。百聞は一見にしかず』とも言われました。それでね、来た人に『ゴー、ストレート』と言って、中を案内するんです」

うれしそうな戸谷さんの笑顔が印象的だった。

売り上げ激減からの再起

タケフナイフビレッジでは、現在、協同組合を立ち上げた11社のうち7社が入っていて、3社は工業団地に工房をもっている。現在、組合員8人、正職員2人、スタッフ13名で、合計23人が働く。若手も13名いる。伝統工芸を学びたいと県外から就職した人たちが約半数、横浜、京都、会津若松などから来ている。ここにたどり着くきっかけは、Uターンで戻ってきた人から、テレビで見てきたという人までさまざまだ。若手も育ち、独立してすぐそばに工房をもった人もいる。

タケフナイフビレッジが、なぜ、今、海外に受けているのだろうか。

そもそも越前市の刃物は、700年の歴史をもつ。室町時代に入った頃、京都の刀匠千代鶴国安《ちよづるくにやす》が名剣を鍛える水を求めて訪れたのが始まりで、傍ら農業用の鎌を作ったことから、一大産地となる。また、越前漆器に必要な漆かき職人の漆の木に傷を入れる道具も作られた。彼らは行商も行ない、たちまちに全国に越前の刃物が広がったという。

江戸期には、鎌・菜刀の生産地として広く知られるようになっていたし、明治期には、農業用や生活品としての鎌のほか、養蚕《ようさん》が盛んになったことから、桑を刈る鎌も大量に生産された。

1978年、越前打刃物は全国打刃物業界で初めて伝統工芸品として国の指定を受ける。ところが流通が大きく変化するなかで、包丁の売り上げは低迷するようになった。大量に安い包丁が出回り始

⦿タケフナイフビレッジ内にある工房

めたのだ。刃物を扱う商店が次々と閉店していき、同時に、刃物を扱う問屋も減っていった。

決定的だったのはバブルの崩壊だ。漆器、和紙などのこの地域の伝統工芸品産業の売り上げは、全盛期の10分の1ほどに落ち込んだ。このままでは、工芸品としての包丁も存続があやぶまれた。

「当時は町中でみんな仕事をしていましたので、作業の音がうるさいと言われていた。暗い、汚い、きつい、まさに3Kと言われていた業種でもあったんです。子どもが親の姿を見ていても後継ぎもいないような業種だったんです。気の合った仲間と、なんとか共同で残していきたい。それで共同組合を作りました」とは、代表理事の加茂詞朗《かもしろう》さん。

そこで、県と市にも相談。国の高度化事業の資金を1億9000万円借り、自己資金も1社

３０００万円を出資。民間の借入も行なった。総額3億円で、現在のタケフナイフビレッジが生まれた。もう24年が経過した。

共同で事業所を作ったことで、機械設備の合理化ができた。切断したり、プレスをしたり、焼き入れをする機械は、それぞれ1台で４００万～５００万円はする。

かつては、売り上げが1社で１０００万円くらいしかないのに、各自で機械を購入せざるをえなかった。それが共同事業で共有化することで、１つの機械をみんなで共同で使い、合理化することができた。そのことで、1社の負担が減った。もっとも販売を伸ばした要因は、共同で営業活動をすることによって海外進出が実現したことにある。売り上げも倍増した。

仕事の面でも大きく変わった。現場にスタッフが大勢いるので、若い人の面倒もみられるようになった。わからないことも気安く尋ねられる。仕事もやりやすくなった。このために後継を期待できる若い世代が定着してきた。

海外で人気商品になった理由

そもそも、包丁の海外進出は、意外なほどスムースだったそうだ。代表理事の加茂さんによると、「ジェトロ（日本貿易振興機構）のアドバイザーが、たまたまメンバーの知り合いにいて、ドイツ・フランクフルトで行なわれる世界最大級の国際展示会メッセ・アンビエンテへの出品を勧められた。

1993年のことです。ジャパン・ブースがキッチン関係のパビリオンにありました。ブースもとても小さかったのですが、反響はとても良くて、たくさんのお客さんに来ていただきました。10人のメンバー全員で行きましたが、交通費などは自己負担です」

実際は準備が不十分で、展示用の用品を現地のホームセンターで購入するなど、大わらわだったというが、展示は好評でこのときから少しずつ海外との取引が始まった。

「最初のころは、受注メールを受けて、そこからEMS（国際スピード郵便）で送るところから始まりました。そのうちに国内の商社との取引が始まり、今では、商社を通して海外に販売をしています」と加茂さん。

海外では230〜240ユーロ（3万円以上）の価格で売られているケースが多いと言う。

「うちの商品だけでなく、国産の包丁が海外に売れています。先だって高知に行ったら、高知の仲間の包丁もよく売れているということでした。外国ではシェフが、お店でデモンストレーションをします。トップシェフの人たちにも、日本の包丁はよく知られていて、そのときに使う人も多い。デモンストレーションが済むと日本の包丁はさっさと片付けられるなんていう話も聞きます。盗まれるといけないというわけです。それくらい大切に使っていただいている。

一般家庭でもホームパーティで、どんな包丁を使っているかが話題になったりするのだそうです。日本の包丁を使っているのが自慢になり、それがブログやフェイスブックにあがったりして、口コミで広がっているようです」

文化交流によって海外へのチャンネルを広げる

今ではタケフナイフビレッジのメンバーが、商社とともに海外にデモンストレーションに出かけることは、当たり前となった。年1回は、スタッフが現地に行くという。

「私も、ドイツ、フランス、スイス、イギリスなどに出かけました。商社を通して、販売会社が各国各地にあるんです。研ぎ方のデモンストレーションもします。現地に行けばユーザーの声が聞ける。情報も得られるし、信頼関係も生まれる。海外でも顔の見える関係ができたことは、大きな取引につながっている。つい最近は、若いメンバーがアメリカに行きました。ほかにも、カナダとかスウェーデンにも行っています」(加茂さん)

また海外の販売会社からも、取引する商社の案内でタケフナイフビレッジまで来るようになった。

「商社の取引先からの視察は、年1回はあります。ドイツ、カナダ、イギリスからですね。日本の包丁を作っている現場を、わざわざ見に来てくださる。取引先を経由しない海外からの来訪者は、去年(2014年)で300名あまり。週に1から2回は来られる。台湾、ドイツの人が多い。特にドイツからは女性の人が多い。最近は、イギリス、アメリカ、フランスからでした」

日本食ブームが始まったころから包丁は海外に広がったが、日本刀人気も大きいと加茂さんが話す。

「刃に波紋がある包丁は、海外にはないタイプなんですね。日本刀のイメージとダブって、これが『芸術的』で珍しいと評価されている。よく聞くのは、映画『キル・ビル』（クエンティン・タランティーノ監督、2003年、アメリカ。日本が舞台となっている）、アニメ『ワンピース』（尾田栄一郎作）で日本刀を知ったという声です」

製造されるものの半分以上は、商社を通して海外で販売されている。国内で販売されるものも東京の合羽橋の専門店に出されて、そこで多くの海外客に求められている。

「包丁は3カ月待ち。モノによって半年待ちになりますね。じつは、包丁に付けるための柄が間に合わない。材料のニッケル、ステンレスがなかなか入ってこない。材料そのものが逼迫《ひっぱく》している。それと口金《くちかね》（柄と刀身の接合部の金属）も追い付かない。かつては、国内向けしかやっていなかったことから、急に需要が増えて間に合わないんです。水牛の角を使う柄があるのですが、堺（大阪）の3社しかない。三条（新潟）にもあるのですが、後継ぎがいないというので、なかなか製品が追い着かない」と、うれしい状況になっているという。

新しい価値観を創造するコラボレーション

タケフナイフビレッジが設立されたのは、これまでの国内の包丁づくりと販売の手法を転換することが目的だった。

大きな転換の最初は、福井県出身のプロダクトデザイナー川崎和男さんが参加して、新たなデザインを入れて、伝統工芸の産業興しが始まった１９８０年のころである。

その翌年、民間発のデザインの拠点としてつくられた六本木「ＡＸＩＳビル」で地方の伝統工芸の展示が行なわれ、越前市の包丁も注目を浴びたのだという。当時、東京で暮らしていた代表理事の加茂詞朗さんは、この展示を観たのだという。

加茂さんは、2代続く有限会社加茂藤刃物の長男として育った。福井高専を卒業後、すぐに就職。そのころ、「外で一度、空気を吸ったほうがいい」という父親の加茂藤吉《とうきち》さんからの助言で、加茂さんは4年間、東京の金物を扱う商社に勤めていた。そのあと地元に戻り稼業を継ぐこととなる。幼いころから稼業の手伝いをしていて、もともと、仕事が好きだったのだという。そして、共同事業の立ち上げに参加することとなる。

そのころ、メンバーで伝統工芸士の株式会社佐治打刃物《さじうちはもの》製作所の佐治武士《さじたけし》さんが、すでに海外でナイフの展示販売を始めていた。佐治さんが、海外では、ナイフの会社が包丁も制作をして販売をしていることを、越前市の仲間に報告した。そのことが海外進出をしても面白いかもしれない、という機運を生んだという。

「今はいろんなものを作らなければならないので大変です（笑）。ペティナイフで大きな形のもの10種類のシリーズとか、アメリカからは流線型のステーキナイフがほしいなどと希望がきます。シェフからのオーダーメイドの注文も」（加茂さん）

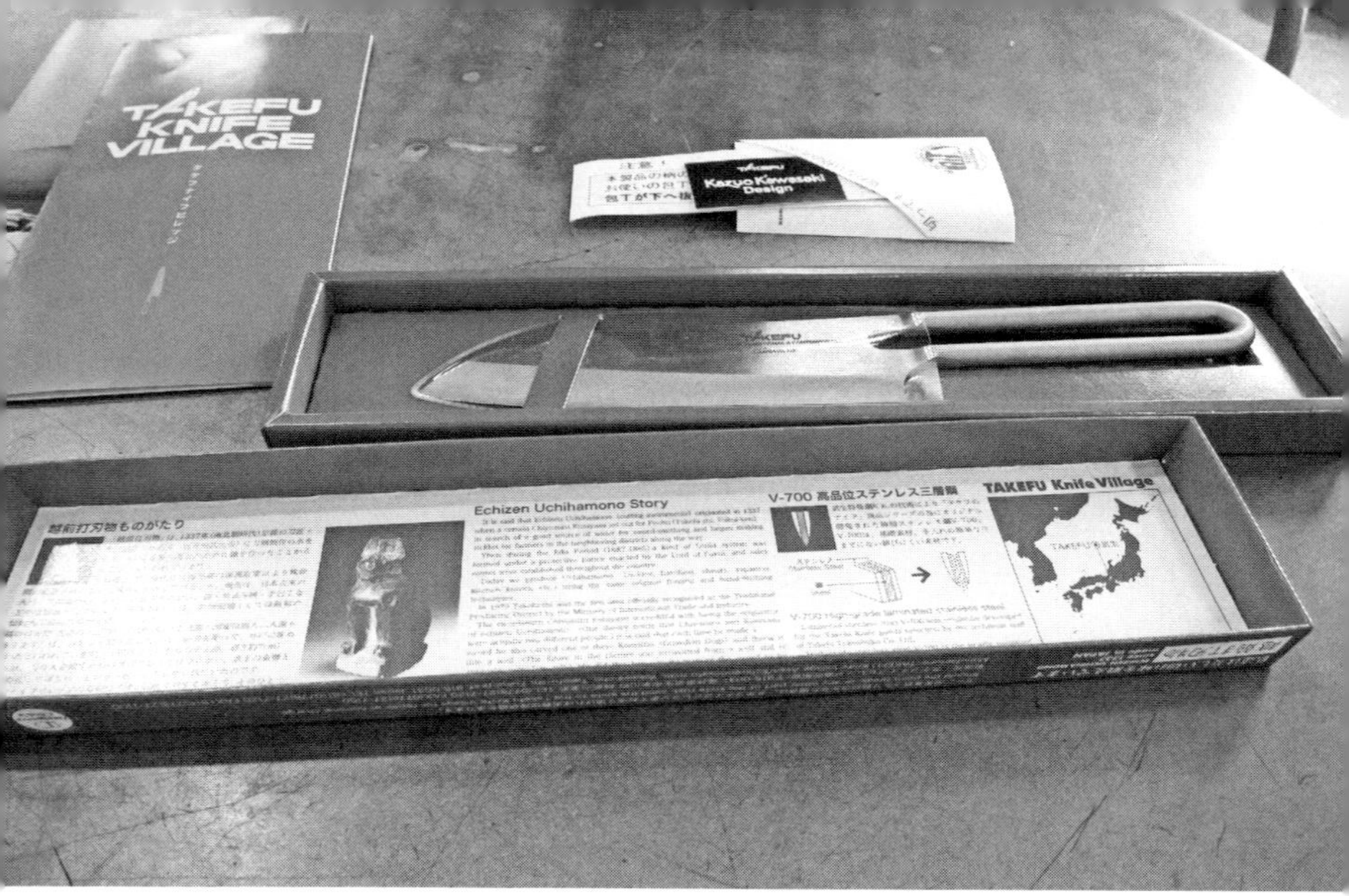

⦿デザイナーとコラボレーションした包丁。商品案内には英語を併記

彼らの取り組みから感じられるのは、流通チャネルが変化してきているということ。タケフナイフビレッジは、少しでも販路を増やしたほうがいいという考えのもと、海外にも積極的に出かけているのだ。県もそれを支援をしている。また市では、「越前市工芸の里構想」を立ち上げ、越前市の、和紙、刃物、箪笥《たんす》、織物、漆器《しっき》、瓦《かわら》、指物《さしもの》などの伝統産業を支援し、こうした文化を軸にした地域振興をはかろうとしているそうだ。

「見学者のためにトイレも増やしたいし、キッチンがあるデモンストレーションの場もほしいと思っています。若い人が独立しやすい環境づくりをしたいと考えています。この辺は田園地帯なので、若い職人たちの作業場ができるといい」と加茂さん。今後の展開は、もっと広がりそうだ。

せっかく海外からも客が来てくれたのに、宿泊となるとほとんどが京都や名古屋などに行ってしまう。地域内での連携ができていないことから、宿泊、滞在、食事につながらず、相乗効果としてお金を落とす仕組みができていない。長期滞在を課題にして地域の他異業種の連携が拡大していけば、大きな地域経済を生む可能性がある。

先に指摘したように、人口が減少し空き家が増えている状況から考えると、空き家をリノベーションして、宿泊施設に変えることができれば、長期滞在のインフラが用意できる。

こういったシステムは、フランス、ドイツ、イギリスなどでは、観光のスタイルとして、一般化している。ヨーロッパは、旅行の先進地なのである。海外の人たちに、一棟貸しの宿泊を勧めれば、喜んで受け入れられるだろう。

越前市の歴史も古く、神社仏閣を中核に形成された街並みが維持されていて、刃物以外にも多くの伝統工芸が残り、田園の景観、四季の花が咲く里山など、海外の人が喜ぶツーリズムでの要素と風情を存分にもっている。今後は、タケフナイフビレッジが切り拓いた新たな融合の発想をさらなるインバウンド（海外客誘致）の拡大と、新たな事業展開につなげることになるだろう。

じつは、武生青年会議所に集まるメンバーが、空き家のリノベーションと、地域連携事業を実現に向けて動いている。越前市には建設業関係者が多く、リノベーション事業には、最短距離にある。今後の展開が注目されている越前市だ。

第4章　村落が一体となり経済を生み出す

大豆を栽培する稀有な豆腐屋＆レストラン――農業法人せいわの里「まめや」（三重県多気町）

三重県のほぼ中央部。小さな山々が連なる多気郡《たきぐん》多気町《たきちょう》。そこに直売所とレストランを併設した「農村料理まめや」がある。遠方からも客を集め、盛況だ。

店名の由来は「豆」。町で大豆栽培を行ない、大豆そのものはもちろん、豆腐、がんもどき、厚揚げ、豆乳、湯葉、豆味噌などにして販売をし、また料理にして出すという豆製品が主役の店だからだ。そして勤勉という意味の「まめ」にもかけている。

運営するのは、農業法人せいわの里だ。ここは、地域の資源として農業、風土、暮らしを一体的にとらえ、大切なふるさとの資源を活かし、輝かせたいという理念を掲げている。スタッフは40名で、売り上げは年間約９０００万円。

よく考えると、大豆を自社栽培し、作りたてを店頭で出している豆腐屋なんて、ほかにないのでは

⦿「まめや」の直売コーナー。写真はいり大豆の大・小パック

なかろうか。ちなみに日本の大豆の自給率は5パーセントしかない。ほとんどが輸入だ。地元で大豆を栽培するところから豆腐を作るということだけでも、希少性があり、この店のブランドになっているといえる。

店頭で様子を見ていると、次々に豆腐や厚揚げが売れていく。お店の人が「今、作っていますから、ちょっと待ってくださいね」と対応をしている。店の裏にある工房からは、代わるがわるできたての豆製品が出てくる。

厚揚げがはちきれそうに膨らんで分厚い。山吹色に輝いている。揚げたての油の香ばしさが漂う。口にすると、大豆の旨味がしっかり閉じ込められていて、それが、噛みしめると口中に広がる。なめらかな甘さ。厚揚げって、こんなにも美味しいものだったのというられしさがこみあげてきた。

油揚げは黄金色に輝いて、ふっくら感が、「私を見て！」とささやきかけてくるようだ。豆腐がでかい。市販の豆腐の倍もあろうかという大きさで、器からはみ出すように盛られている。がんもどきも大豆をたっぷり使ったもので、優しい味わいでほくほくだ。

絶品だったのがきな粉。奄美・徳之島でもらった黒糖を合わせて、きな粉餅にしたら、旨味たっぷりの香ばしさが漂う味わい。大豆がしっかりたくわえたうまさを、炒ったことで、さらに味わいが豊かになり、香りが上品なやさしさに変わる。

私も、この店から仲人に宅急便で贈り物をした。すると、奥さんから「豆腐、うまっ！」「がんも、うまっ！」と、食べたものごとの感想が次々とスマートフォンにメールが飛んできた。実際、「！」と感嘆符をつけたくなるほど、うま味に満ち溢れている。

豆腐製品が売られている直売所の隣がレストランだ。木の大きなテーブルに、大皿でいくつもの料理が並んでいる。そこから客が自由にとって自席で食べるビュッフェになっている。メニューは、おから、豆の煮物、湯葉など大豆加工品はもちろん、おから煮、おからサラダ、豆乳湯豆腐、おからのなます、厚揚げ焼き、がんもどきのふくめ煮をはじめ、ヤーコンのキンピラ、ホウレンソウのおひたし、むかごご飯、大根煮、ネギのぬた、柿の白和えなど、惣菜類、味噌汁、おからドーナツやおはぎなどのデザートまで25～30種類と豊富だ。お米も野菜も地域で採れたものばかりだ。

小ぶりのいなり寿司も並ぶ。ちょっと一口という可愛らしいサイズ。その形状だけで、丁寧な仕事ぶりがわかるというものだ。ごま、しょうがの入った田舎風のすし飯を包む油揚げが薄く、味付けも

⦿ビュッフェコーナーの一角。左下が本文でも紹介したいなり寿司

上品で、中身との調和が素晴らしい。ちょっとほかではない味わいだ。

大皿の横にある炭火コンロが目を引く。竹串に刺した田楽が焼かれ、たっぷりの自家製味噌のたれをつけて出してくれる。ランチタイムが終わると、定食料理や軽食・スイーツが楽しめる。取り皿も湯呑も、食器は大きさはそろえてあるが、一つひとつが、どれもデザインが違う。派手な色合いはないのだが、それが料理に合っている。店を出した当時、資金が足りなくて、みんなが家庭から持ち寄って揃えた器なのだという。家庭で使われていたもの。それが妙にしっくり、店に溶け込んでいる。

原点は花を咲かせるボランティア活動

まめやの代表は、北川静子さん。彼女と知り合ったのは、農林水産省が推薦する「地産地消の仕事人」の集い。その日は、全国各地の素敵な方々とのたくさんの出会いがあったのだが、その一人が北川さんだった。

北川さんは、旧勢和《せいわ》村の職員で、当時の村長がボランティアに熱心だったという。村で花の町づくりをしようと有志が集まり、町の合併前に、花のない11月の時期に花を咲かせようと、1年がかりで花を植え、祭りを催した。みんなで花を咲かせる活動をしていくうちに、地域の連帯ができた。

このままでは、やがて高齢化によって農家も、地域が培ってきた暮らし、食文化、農家技術もなくなる……、この地域ならではの四季の景観の維持や、農村文化に担い手を育てようと、農業法人を作ろうという話が出た。35名が出資して、農業法人せいわの里が誕生した。地域の人が栽培をした食材を買い上げ、それを加工して自ら販売する直売所とレストランまめやが生まれた。２００３年のことだ。

その運営もユニークだ。働いているのは、20歳代から80歳代まで40名。農業や家事をしながら、シフト体制で働いている。豆腐の加工販売、レストランの料理、直売などがあり、分担して手掛ける。実際に勤務に出てくるのは、半数ほどしかいない。村の生活リズムにあわせて働いているのだ。給与は、時給支払いだ。

「お年寄りは週3回。ゲートボール、老人会、神社の掃除、スクールバスの運行、パトロール、野菜づくりもしなきゃならないからね。中年の人は、介護、娘さんの出産などの家庭の事情もさまざま。それに、農業もある。子どもが熱を出したり、お葬式のような急な用事も、みんな生身の身体だ

⦿豆腐の工房で働く西浦 泉さん

から、いろんなことがある。そして、休暇も必要。だからいつでも替われるようにしている。豆腐づくり、お菓子づくりなど、シフト制になっている。みんなが責任をもってやっている。お互いさんだから、仲良く助けあう。そしてうまく働く」と北川さん。

なるほど、この店は地域と一体になっているのだ。中山間地をまるごとお店につなげたような仕組みである。こんな仕組みができれば、全国の地方が元気になれるのではなかろうか。長寿番付の1位は長野県。その理由の一つとして、高齢者の就業率が高いこと。つまり生きがいがあることだ。

まめやの商品には、みんなの元気が詰まっている。だから豆腐や厚揚げも美味しいんだと納得の味わいである。

第5章　6次産業化のトップランナーの直販とネット販売の戦略

みるみる売れる800〜900円の完熟イチゴ
――農事生産法人「伊賀の里　モクモク手づくりファーム」（三重県伊賀市）

三重県には「まめや」のような、小さな村落が一体化した取り組みがある一方で、6次産業のトップランナーの大きな法人もある。伊賀市の山間地、西湯舟《にしゆぶね》にある「伊賀の里　モクモク手づくりファーム」だ。運営するのは、農事生産法人モクモク手づくりファーム。農業をベースにしながら生産・加工・販売までを一貫したファーム運営を展開することで、つとに知られる。

ファーム内には農産物直売所、レストラン、カフェ、ウインナー工房、パン工房、ビール工房、体験工房、温泉、宿泊施設、牧場など多様な施設を置き、国内で新たなビジネスモデルをつくり出した。私も、『地域ブランドを引き出す力』（合同出版、2011年）はじめ、多くのメディアで紹介してきた。

壬生野《みぶの》インターチェンジから8分、大阪や名古屋からは1時間30分ほどかかる山間地にもかかわらず年間51万人が訪れ、売上高は年間52億円になる。社員150人、パート150人、アルバイト700人(名古屋市、大阪市の店舗含む)が働き、地域雇用でも、大きな存在になっている。

今、改めて注目したいのは、モクモク手づくりファームで人気を集めるイチゴの展開だ。近年、全国各所でイチゴのブランド化が盛んだが、モクモク手づくりファームでは、イチゴをハウス栽培し、摘み取り体験から直売まで、さまざまな形で販売されている。

直売所のイチゴは1パック800〜900円。売り場に置くと、片端から次々に売れていく。完熟で出しているので、店頭に並ぶイチゴは見た目も香りも食欲をそそり、実際に果肉には旨味が詰まっている。この価格は、一般のスーパーマーケットで見かける値段よりもはるかに高い。品種は「さちのか」。酸味バランスがよく、スイーツにも向くことから選ばれているという。

一般のスーパーマーケットでは、完熟のイチゴは売りがたい。というのは農家から出荷、市場、小売りと流通に時間がかかるから、早く摘まれ、充分に旨味ののらないものが多く出回る。しかし、モクモク手づくりファームは、完熟のものをあえて現地でのみで販売をするやりかたをしている。

園内では、イチゴの摘み取り体験ができる。実施時間が決められ、平日2回、土日4回行なわれている。予約制である。期間は、1月2日から4月末まで。料金は、大人1620円、子ども1512円、幼児864円。もぎ取り試食が10粒まで。持ち帰りは、ワンパックで300グラムと決められている。

⦿イチゴ摘みにもインストラクターが付き、食育の場となっている

1時間の摘み取り体験は、インストラクターが付いて、20分間のクイズタイムを設けている。クイズでは、イチゴは、先からと、ヘタ側と、どちらから食べると美味しさを感じるか、あるいは、ミツバチの働きがイチゴづくりには必要だが、ミツバチは、一体、何を運んでいる？といったものだ。食育とうまくつながっている。

イチゴ摘みを見ていると、小さなものだけを摘んでいる親子や、大きなものだけを選んでいる親子、とくに形にこだわらないグループなどさまざま。市場出荷だと規格があり形をそろえなければならないが、直接、消費者に接してみると、人それぞれということがわかる。これまでにはない、販売手法ともいえるだろう。

このほかにもイチゴを素材にした体験教室があり、イチゴ大福づくりは2人分で3240

円。１人分で4～5個作れる。イチゴタルトづくりも2人分で３２４０円。サイズは12センチだ。

園内の売店やレストランなどで売られる加工品を見ていると、大福やタルトのほか、いちごミルクパン、シフォンケーキ、ジャム、ジュースなど多彩なメニューを展開し、食べ方の提案をしている。モクモク手づくりファームには園の周囲にも園内にも自動販売機は一切ない。そのことによって、手づくりのイチゴだけでなくジュース類が、高付加価値商品になる。これらの体験は、宿泊プランとセットになったものも受け付けていて、すべて満員になるほどの人気だ。

６次産業化の流れでイチゴをブランド化しようというと、たいてい、こうはならない。大型の農場に集約をして、イチゴに特化して、そのなかから、高品質で良質のものだけを選別し、百貨店で高値をつけて販売をするといった企業連携の事例が、テレビに取り上げられたりする。

しかし外部にゆだねてしまうより、さまざまな食べ方、加工の仕方、食べる場所を、いくつも作ったほうが、消費のニーズをつかみやすい。かつ、規格にこだわらず、質の高いものを多彩な形で提供できる。

会員向けサービスとしての通信販売

新たな事業展開のなかでも注目されるのは、通信販売だ。「モクモク直販カタログ」を見ると、充実ぶりが半端ではない。毎回製作費に３００万円かけ、会員向けを中心に頒布されている。66ページ、オールカラー、発行部数は5万部。年間4回発行。ほかにギフトカタログを年間2回発行している。イチゴの加工品も、季節限定で、通信販売で購入できる。

カタログといえど、読み物としても優れていて、一般の雑誌以上の読み応えがある。表紙には豚のお出かけ散歩の写真が載るなど、ビジュアル的にも楽しめる。写真撮影は、プロのカメラマンに依頼しているそうだ。ここまでのクオリティで、地方から発信をしているところは、ほかにはないのではないかと思わせる。

担当は、代表取締役専務の栗本靖士さんと、編集長の中川知美さんの2人だ。

「カタログは、2カ月かけて基本構想を練り、骨組みを組み立て、1カ月で製作していきます。通販の担当スタッフ2人が取材に参加していますが、ほかの業務もしているので専属ではありません。時間が空いたときに農場へ行ったり、連携している農家を訪ねたりしています。モクモクの商品を購入してくださる会員さんのところへ行くこともあります。料理をつくってもらいそれを掲載することもあります。アポイントを取っていくと、一緒にご飯を食べることもあって、そのことを載せたりもします」と、実務をしながら、現場の意見を誌面に反映していると、栗本さん。

注文用紙から会員のバーコードを読み取り、会員ごとの注文表を打ち出す。それに沿って、商品がスタッフの手で箱詰めされ、宅配便で送られる。園内にある物流出荷センターの施設には、大きなワゴンが何台も用意され、宅配便の担当者が荷物を待ち受けている。

「モクモク直販カタログ」は会員向けに出されている。会員は現在4万9000世帯いる。会費は

⦿カラー写真がふんだんに使われた「モクモク直販カタログ」の誌面。商品紹介やレシピのほか加工品の添加物表示など66ページのボリューム

入会時に2000円。会員は一度入れば、交流が途絶えるまで有効。

会員特典は多様で、モクモク手づくりファームの入園券が年間で20枚送られ、ギフト購入は10パーセント割引、レストラン利用時3パーセント割引、宿泊は10パーセント割引、買い物は木曜日「モクモクデー」に購入すると5パーセント割引になる。ほかに、会員だけの親子キャンプやイベントの案内が届いたり、通信販売利用時は、全国どこでも5400円以上の商品は送料無料になったり、ファーム近隣在住の会員には、その日に詰めた食品がその日のうちに届く「新鮮便」を出している。

ウェブサイトもあり、専任のウェブ担当者が1人いて2、3日に1回は更新されている。サイトからのネットショッピングは、非会員でも利用できるが割引や送料などで条件が異なる。

ウェブ上から会員になることもできる通販カタログを見て、ネット注文をする人も多いという。

このカタログに、3年前から新たに宅配便として商品化されて人気なのが、「おふたり暮らしのモクモク直送便」。高齢者の2人暮らしが増えていることから、会員のリクエストで生まれたものだという。米、豚肉、パン、ハム・ウインナーをメーンに野菜を組み合わせ、2人用として6タイプが用意されている。現在、三重県、名古屋市、大阪府を中心に3000組が取り寄せている。

レストランを名古屋市に2店、大阪市に2店を出しており、近畿、関西で認知度を上げるとともに、ファンを拡大し、現地に訪れる人と会員を増やし、かつ通販の利用につなげる狙いがあるという。レストラン出店については、後述しよう。

「手から手へ、手渡し」

「書きたいことがあって、ページが増えていきました。カタログの転換期は6年前。じつはずっと苦戦していたのです。例えば、ウインナー一つをとっても、うまく伝えられなかった。それまでは商品カタログになっていたんですね。こちらからの一方通行になっていた。ほかのモノマネをしていたりもした」

通販の初期はトラブルも多く、対応がうまくいかずにクレームも多かったそうだ。トラブルの大半は、注文とは別の品を間違って送ってしまった、注文を受けたが欠品があった、といったことだっだ。そこで、商品にバーコードを付けて、商品管理を徹底させ、ミスをしないように体制を整えたのだという。

いまや通販の売り上げは、ギフト商品を入れて17億円だ。

「カタログを誰のために出すのか。モクモクの考えを会員さんに伝える。そこから明確になった。そう文通のようなカタログにしよう。友達のような感覚で、ざっくばらんにありのままに伝えよう。そう思ったら、変な気負いがなくなりました。野菜の履歴書も付けて、背景を紹介する。牛の写真も原寸大の目と鼻とか、足を入れたら面白いとか。遊びのページも多く取っています」と栗本さん。

ソーセージを作る工程の具体的な仕事、添加物のことやそれを使う理由、食味のこと、一方で、無添加にも挑戦して、製品を作り出していることなど、現場のスタッフの声や写真を交えて、事細かに紹介しており、それ自体が物語になっていて、読み応えのあるものとなっている。ウインナーなら体験教室での作り方、乳製品なら牛の育ち具合、パンなら使われている小麦の種類から、焼き方を紹介する。

掲載される商品を使ったさまざまなメニューも提案されている。それもファーム内のレストランのシェフ、ハム工房の職人などを取材したり、「男の料理」と名づけて紹介したりする。巻末には、商品のすべての原材料名について一覧表示されている。

モクモク以外の商品では、三重県尾鷲《おわせ》市の海産物、沖縄のパイナップル、鹿児島県奄美《あまみ》諸島・徳之島の農産物などがある。これらも、スタッフが現地に赴き生産者に共感し、支援しようと思ったものを取り扱っている。逆にいうと伊賀市では生産されていないものか、季節にない商品を補完できるような提携をしている。通販カタログには、現地取材し、生産や栽培の方法、品種の解説から、季節の天候状況や農家の工夫、生産者の思いまでを、きめ細やかに写真入りで掲載されている。

「会員さんは、50代から60代が多い。その人たちが困らないようにと考えています。おふくろから普段困っていることを聞き出してヒントにしたりする。野菜の冷蔵庫の保管の日持ちのする方法とかですね。そういうページを増やすようにしました。

読み物として、読み終えたときの価値が大事だという考えで編集しています。年4回の発行で、4回が勝負。奇をてらうのではなく、モクモクの考えを伝え、楽しさを大切にしています。ほかの雑誌もよく見ます。写真のレベルとかは、とても参考にしますね。

ざっくばらんにありのままに伝えよう。そこに共感してもらう。モクモクとつながってよかった、と会員さんに思ってもらうように考えています。『手から手へ、手渡し』が、テーマです。お店にいらっしゃる状態にしたい」と栗本さんは言う。

ネット販売は簡単ではない

近年、全国どこに行っても、「インターネットで販売をしたい」とか「通販をしたい」という声を聞く。発想はたやすいが、実際に成功させるのは難しい。

①モノづくりがしっかりしてクオリティーの高い商品が作られている
②販売体制があって確実に配送できる
③顧客管理がされている
④クレームの対応もされている
⑤自分たちが食べてみておいしく消費者の支持が高い
⑥生産履歴がはっきりしている
⑦こまめに具体的な情報を出せる

——といった条件がそろっていないと、継続した事業には、なかなかなりにくいのが実情だ。

モクモクの場合は、これまで、生産から加工、販売、レストランまでの体制を整え、また体験教室を通して、消費者に直接、食を伝えることを行なってきた。今もそれを軸として置きながら、通信販売に踏み出した。

もともと養豚業の発展から始まっただけに、メインのウインナー、ハム、ソーセージといった加工品はもちろん、パン、ビール、ジュース、ジェラートなど、さまざまな食品を手づくりしている。また農場運営もしていて、ミルクから、ジェラート、ヨーグルトなどの乳製品や、イチゴや次に紹介するトマト栽培までも行なっている。

そうして売店にも通販商品にも、既成品がない、すべてオリジナルのラインナップが実現している。一部、外部の生産者から仕入れる商品もあるが、モクモクのスタッフが現地に行き、共感を得たものがそろえられている。

これらの商品開発ができるのは、技術習得のためにスタッフが国内外の各地で視察・研修・インターンシップなどを積み重ねてきたからである。また農業は、地域の人たちにも教わり、連携していくことからスタッフの技術も培ってきた。人材育成に時間とお金をかけてきたからにほかならない。

モクモクの通販戦略は、基盤となるファームでのモノづくりを徹底させることで、会員の満足度を高め、その会員向けに、しっかりした商品を提供していくというコンセプトで貫かれている。

つまり地域の商品づくりをしていけば、人を呼ぶことも、逆に外部に売ることもできる。しかも継続した地域経済を持続的につくることができるということだ。

新商品トマトの開発と戦略

最近の事例で、商品開発からカタログに連携した例として、わかりやすいのが、トマトである。2012年に、40アールの面積を使って、園内にトマト栽培のハウス4棟を建てた。ハウスには、冬場に地域連携で木材のチップを使った暖房を入れている。これによって燃料費が2割削減できているという。

栽培するのは、大玉4種類、ミニトマト11種類。栽培を担当するのは、農業生産部の田渕謙一さん。曰く、

⊙「モクモク」で収穫されるさまざまなトマトは売店で量り売りされる

「大玉は、みそら、麗夏、パルト。ミニトマトは、イエローミミ、トスカーナバイオレット、イエローアイコ、ピンキー、サングリーン、ピッコラルージュ、アイコ、CFネネ、ピッコラカナリア、プチぷよ、トマトベリーを栽培しています。『甘い』ではなく『美味い』にしようとしています」

一般流通で、もっとも多く出ている品種「桃太郎」は避けたのだそう。過当競争にさらされないようにすることと、差別化のためである。

ファーム運営部広報チーフの浜辺佳子さんに、トマト栽培のきっかけを聞いた。

「自社の野菜を増やしたい。一番人気のイチゴ栽培はしているので、トマトがほしい。東京にはトマトの専門店がある。こちらも専門店をつくろうとなった。園内にあった店舗を改装し、トマトカフェをつくり、トマトのハンバーガー、サラダ、ジュースなどを提供するようにしました」

以前あったカフェに比べ、売り上げは2倍になったという。園内で生産したトマトが園内のカフェで使われ、そこで客が品種ごとのトマトの味や変わったレシピを知ることで、トマトや加工品の購買というかたちで即座に反響が生まれる。

一方、通販カタログにも大々的にトマトを取り上げ、カラー写真で品種ごとに紹介している。それも通り一遍の記事ではなく、夏のトマト栽培では実の成長が早く、皮の成長が追いつかないために割れが出やすくなるとか、水分が多くなり味がぼやけやすくなるなど、思うように収穫ができなかったことや、新種の栽培に取り組む難しさも説明されている。それを克服するために行なった栽培法の工夫も紹介され、完熟のトマトを目指す自分たちの姿や、生産の状況が克明に書かれている。さながらトマト栽培の優れたレポートになっている。

展開に通底する哲学

新たな展開で注目されているのが、2013年6月、「あべのハルカス近鉄本店タワー館」13階に進出した「農場レストラン　お日さまのえがお」だ。近鉄からオファーがあり、出店したという。大阪への進出はJR大阪三越伊勢丹に次いで2店舗目だ。

大阪では、まだモクモクの認知度が低いことから、情報発信の場として出店したのだという。大阪での知名度を高め、ファンを増やし、伊賀市への来店と通販につなげる戦略だという。モクモクファームのレストランと同じようにビュッフェスタイル。開店と同時に、行列のできる人気店となっている。

じつは、創業からこれまでの運営の中心となって牽引《けんいん》してきた木村修社長は会長職に就き、吉田修専務は引退した。代わって新しい代表取締役社長に就任したのが、創業メンバーで、ハム工房の工場長を長年務めてきた松尾尚之《まつおなおゆき》さん。

今後の展開について松尾さんは「もう一度原点に戻り、これまで広げてきたものを整理して、モノづくりをしよう」と考えていると言う。

「もっと農業生産品の品種を増やしていこうと思っています。特に大豆を強めていきたい。今、大豆は10～16ヘクタールを栽培しています。もう1つは県内産の麦を自社で栽培して、加工までもっていきたいと考えています。農業スタッフは6、7人ですが、営農の転作地を借りてやっているので、年によって栽培面積が異なるのです」

大豆は2種類を作り、豆腐と味噌に使っている。作っている大豆は、在来種の「鞆田《ともだ》2号」。味噌用には20トン分を使っているという。ゆくゆくは、麦を100トンほど栽培する計画で、さらに、現在牧場で飼育しているジャージー種のほかに、地域で空いている牛舎を借りて、肉牛の伊賀牛の飼育も手掛ける計画もあるという。牛を飼う人が地域で減っているから、引き受けようということだ。

モクモクの見据える展望は、生産だけにとどまらない。2015年7月に中部国際空港セントレア

⦿伊賀市の城下町の風景になじむ「ハハトコ食堂」

にホットドックやジャージーソフトの専門店をオープンさせた。9月にレストランが京都市に、10月に兵庫県西宮市にオープンした。

「ジャージーの乳でチーズ生産を拡大したい。モッツァレラチーズを作ってイタリアン・レストランを開きたい。小さな形態の飲食の展開も考えている。お年寄り向けのデリカ〈デリカテッセンの略。惣菜店〉も増やしていきたいですね」

お年寄り向けに惣菜・弁当を販売する試みは、すでに4年前から行なわれている。伊賀市上野西町にある民家を改装した店舗で営む「ハハトコ食堂」だ。

2011年、中心市街地の活性化のため、伊賀の城下町の古びた町家をモクモクが借り受けるかたちで始めたものだ。木造で、間口は2間ほどだが奥行きがあり、中庭がある町家の造りになっている。

ファーム運営部広報チーフの浜辺さんは、「弁当と総菜を中心に、料理は30～35種類を出していて、もちろん食事もできます。ここは、みんなが集まって食べる食堂です。地域の人びとを潤すコミュニティのための場をつくることを目指しています。

店名は、母が子どもに伝えていきたい味という意味で付けています。この場所のスタイルは、社内でプレゼンテーションをして決まりました。私を含む5組のうち3組から、総菜をメインにしたいという意見があがったのです」

ハハトコ食堂は、午前11時から午後7時30分までの営業。正社員2人、パート・アルバイト2人が働いている。年商は約7000万円。モクモクでセントラルキッチンを2カ所にもっていることから、料理の多くは早朝に調理されたものが店に届く。

2015年3月に名張市、4月に津市の百貨店内に、ハハトコ食堂の新店舗をオープンさせた。農産物の栽培～加工～提供にとどまらず、古い街並みや家屋の継承、コミュニティの場づくりを行なう。食・農業を核に、地域に新たな産業を生み出す。まさに6次産業の手本をさまざまな様態でつくりあげているモクモクの今後の展望にも期待したい。

第6章　想像のつかない組み合わせで成功させる

革新的な農協の直売所——JAおちいまばり「さいさいきて屋」（愛媛県今治市）

地域の食の振興をどうするのか、農協の活力をどう生むのか、全国の市町村で、大きな課題となっている。そんななかでもっとも注目されるのが、愛媛県今治《いまばり》市JAおちいまばりの直売所「さいさいきて屋」である。

JR今治駅から車で15分ほどの今治中寺《ちゅうでら》の国道196号線沿い。売り場面積は562坪。駐車場は270台分と広大だ。2007年の開設以来、年々売り上げを伸ばし、今では、24億5000万円にもなる。前年比を見ても全体で3パーセントアップを実現している。参加農家は1300名。

直売所さいさいきて屋には150名が働き、そのうち120名ほどがアルバイト、パートだ。商品構成と集約が徹底している。野菜、果実、肉、米、魚、肉類など地元の生鮮品が、すべてそろう。加工品も弁当類やソーセージ、ドレッシング、豆腐など、地元の業者と連携をしてオリジナルで開発を

⊙地元の産品ばかりを豊富に並べる「さいさいきて屋」の店内

したものが中心の品ぞろえとなっている。

人気の秘密は、野菜、果樹、肉類、米などのほかに、漁業連携の魚売り場を設けて、生鮮3品を徹底してそろえたこと。地元中小企業との連携で、ジュース、ドレッシング、ハム、ソーセージまで、100以上のオリジナルの加工品をそろえたことだ。

JAの関連店舗が地域の食材を使ってオリジナル商品を開発し、商品構成の中心に据えるという例は、意外や少ない。JA関連の店舗や直売所には系統で商品開発をしたものが一斉に流れることが一般的だからだ。その点でもさいさいきて屋は一線を画している。

また敷地内や、売り場に自動販売機がない。そのかわり、カフェがあり、ジェラート、ジュース、かき氷のスタンドがある。地元の生産品を利用して開発した商品が敷地内に並ぶ。

表1　「さいさいきて屋」の中学生向け料理講座「ベジキッズ」の年間計画（2015年）

6月	田植え、ピザづくり
7月	田んぼの生き物調査、流しそうめん
8月	野菜収穫、カレーづくり
10月	稲刈り、おにぎりづくり
11月	ミカン狩り、ジュースづくり
12月	餅つき大会・販売（店舗開催、家族参加）
1月	豆腐づくり、豆腐料理
2月	酪農農家見学、牛乳料理
3月	花農家での収穫、フラワーアレンジメント講座

注目は、店の入り口に設けられた「残留農薬分析室　サイエンス・ラボ」。農産物の検査をさいさいきて屋で独自に行なっている。トレーサビリティーと安心安全を明確化させる姿勢をはっきり打ち出すということが狙いだ。

店内には食堂、クッキングスタジオがある。クッキングスタジオでは、平日は一般向けの料理教室が開催される。定員15名。英語によるケーキ教室、魚の卸し方、調味料講座など多彩な講座が設けられている。料理教室は地域の料理家、農家などと連携して運営され、参加費用は3500円ほどだ。

土・日曜は子ども向けの料理教室が開かれるが、ユニークなのは、中学生向けの講座だ。6月に開講し、翌年3月までの9回の連続講座。プログラムは、表1のとおり。16名の定員で、年間会費は1万円。県と市から職員が派遣されている。小学生用の講座をしたところ好評で、お母さんたちからのリクエストで開講されたと言う。

直販開発部部長の西坂文秀さんは、「モノづくりの喜びを味わい知ってもらいたい。非日常的な喜び、楽しみ、その格好よさを、厨房《ちゅうぼう》を使って体験させたい。とくに中学生に力を入れています。主婦には料理のプロになってもらいたい。自分でつくる喜びを知ってもらい、さいさいきて屋と農産物のファンになってほしい。そこまでやらないと食育も語れないと思っています」とその目的を話す。

自治体・他業種と連携した僻地住民のためのネットスーパー

さいさいきて屋は、さらに一歩踏み込んだ画期的な展開を始めた。それは限界集落・買い物難民と呼ばれる地域での、ネットスーパーの展開だ。

ＪＡおちいまばりは、１９９７年に８つの島の農協を含む14農協が合併して作られた。この合併によって、６つの島の農家の農産物をフォローする必要が出てきた。そこで、一番遠い島で２人を雇用し、早朝、６つの島を巡って集荷し、さいさいきて屋に卸して販売するシステムを作った。６つの島は、しまなみ海道の橋でつながっているので、トラックで集荷すれば短時間で店舗に届く。

逆に、一番離れている島の41軒から注文を取り、商品を届けるシステムを作った。島を巡回する集荷スタッフが、さいさいきて屋で荷物をおろし、帰りの便で41軒の家に注文品を届けるのである。会費は月々２９００円だが、配送料は無料だ。

このネットスーパーシステムはＮＴＴドコモと今治市、ＪＡおちいまばりが連携した社会実験事業で、各家庭からの注文は、無償レンタルのタブレット端末で行なう。トップページには「お買い物」「お手紙」「ご相談」の3つの表示しかない。じつにシンプル。

「お買い物」を指でさわると、弁当、総菜、野菜、果物、肉類、魚、米、調味料、日用品などが種類別に一覧できて、それをさらにクリックし、ほしいものを買い物かごに入れて、注文をする。その日の夜の12時までに注文をすると、翌日の午後、注文の品が届く。注文は1個から可能だ。代金は、農協の口座からの引き落とし。タブレットを渡している世帯がわかっているので、注文主はすぐに把握できる。

このなかで注目は「日用品」の項目だ。トイレットペーパー、シャンプー、石鹸といった生活必需の消耗品は直売所には置いていない。さいさいきて屋は、限界集落と高齢者対応として、別棟で日用品の小さな倉庫を作り、そこにストックして、食料品と一緒に配達できるようにした。

「お手紙」もユニークだ。タッチペンや指を使い、手書きすると、端末からメールができるようになっている。送りたい人のリストを作り、登録しておく。難しければ、職員が手伝う。タブレットで子や孫から手紙が届き、返信できる。

また、「お買い物」「お手紙」「ご相談」の表示の左側には、如雨露《じょうろ》のイラストが描かれている。これをタッチ操作すると、水やりができ、水をやると、少しずつ芽がでて、やがて花が咲く。水やりの操作はさいさいきて屋に届く。注文がなくても、花に水をやっていれば、安否確認ができるという仕組みだ。もし、2日間連絡がない場合は、直接電話を入れたり訪問するという。安否確認をして、連絡がないような場合は市の福祉政策課が対応する『見守りネットワーク』の協定書を交わしているが、

⦿タブレット端末の買い物画面。大きめの文字が見やすく、デザインは直感的に操作できるよう工夫されている

実際は、毎日、なんらかの買い物をしている。タブレットが使い出した人からはありがたい、便利だと好評だという。

ネットスーパーの事業は15戸を対象に2015年4月に始まったが、まだ離島で困っている人がいる。すべての離島で実施し、今では市内全域に募集を行なっている。

農協は、地域密着と謳いながら離島にあった8つ農協を合併し、購買店を閉めてしまった。店がない限界集落では買い物ができない。農協だからこそ、地域のために、島のために地域に寄り添って事業展開をしようとしている。

全国向けのネット販売

もう1つ、最近、力を入れているのが、インターネット通販だ。現在、専任者を3名おいている。まだ立ち上げて1年足らずだが、売り上げは3000万円。目標は2億円だ。

「ネット店は、この店に、遠方からでは来ることができない人のために設けたものです」と西坂さん。実は、視察も多く、全国各地から年間200件近くがある。視察料もしっかりとっている。またテレビの特集番組や、雑誌や書籍などで紹介されたことで、全国でも注目を集めるようになった。

このネット販売の仕組みがすごい。旬の野菜セット3000円、5000円（送料無料）があるが、それだけなら、どこでもある産直宅配。驚くのはトマト、ナス、パプリカ、ピーマン、ズッキーニ、ニンジン、タマネギ、ジャガイモなど、野菜類が1個ずつから注文ができるようになっている。漁業連と連携しているので、魚類から海苔《のり》、イリコといった海産の加工品も、1個から買える。今治の特産である柑橘類《かんきつるい》では12種類もある。等級を選別をしていない柑橘類もあり、「わけありミカン」として販売網に載せている。

米、肉、飲料、豆腐、たまご、お茶、麺類など、必要な食品は、ほぼそろう。店舗でヒット商品になったカフェのブルーベリーやイチゴのタルトも購入できる。地域の産品、オリジナル商品でそろえてあるのが、これまでの通販とは決定的に違う。

1個の注文に対応するというのは、店側にしたら、非常に手間のかかることだ。しかし、「1個から買いたいという人もいるので、購入単位を1個からにしたんです」と、西坂さんはあっけらかんとしている。これほど、徹底して地域密着の食料品をそろえ、1個から注文できれば、他のネット通販との差別化が明確となる。

仮に東京の一般的なチェーン系スーパーマーケットと価格を比較すると、ほとんど同じか、さいさいきて屋の通販の方が安い。鮮度は、さいさいきて屋通販の商品がはるかによいだろう。スーパーマーケットの生鮮食品は、全国から市場経由で店頭に並ぶ。現地で直接仕入れし、直接販売するさいさいきて屋の商品のほうが鮮度がよいことは自明だ。

さまざまなテレビで紹介がされて、ここのケーキが買いたいという問い合わせが殺到し、全国からの観光客の立ち寄りも増加した。ネットの発信力を活用して、今しかない旬のもの、ここしかないものを全国に届ける可能性が広がっている。東京の著名なホテルや、大手メーカーが運営する店舗からの注文も最近はあるという。

近年、とかく取り沙汰されるのは、農協の機能や役割への批判だ。それに真摯に向き合い、誠実に答えを出そうとする姿勢が見える。

「農協事業は、地域に溶け込んでいくしかない。地域の人につながっていき、地域にどう入っていくか、絆を太くしていくかが絶対に必要。JAおちいまばりは、今治市から離れていくことはできない。事業自体をよそへ移すというわけにはいかない。共生していく事業しかやれない。うちが地域と一体となって根付いたものをやっていかなければならない。地域の人間関係を保てるかどうか。人づくりを行ない運営していく。地域の人と一緒に歩んでいく。農協のためにもそれしかない」

そう語る西坂さんには、自信と、地域の将来を見据えた覚悟がみえる。

⦿「さいさいきて屋」のメロンの展開

メロン栽培奨励プロジェクト

２０１４年７月、１年ぶりにさいさいきて屋を再訪した。直売所の売り場を見回すと、これまで通りに、地元の農家の野菜の直売所に花《か》卉《き》、果実、肉、漁業組合の魚売り場という生鮮が中心になっているのは変わりなかったが、売り場に新たなメインコーナーが設置されていた。そこに並んでいたのが特産となったメロンである。

それまでメロンは販売されていなかった。愛媛県西条市丹原《たんばら》町にあるＪＡ周桑《しゅうそう》の直売所「周ちゃん広場」には、メロンがメイン商品としてずらりと並ぶ。参加農家は１０００軒以上、売り上げは10億円を超える直売所だ。さいさいきて屋からは、20キロメートルしか離れていない。

とても近い距離にありながら、さいさいきて屋には、メロンが置いてなかった。理由は、栽培農家がいなかった。お客さんから、「なぜ、メロンがないの」と言われたのがきっかけで、メロン栽培を奨励。栽培方法を営農指導員が直接指導するとともに、できたメロンはすべて全量を買い取ることにした。これまでの出荷形態だと、形の悪いもの、サイズが小さいものなどは、出荷対象外となってしまう。全量買い取りなら、農家のリスクを避けられる。

3年前、8軒の農家で今治メロンを作り始めた。まだ1ヘクタールもないが、全量買い取りをしている。割れたものでも、カフェでジュースにできる。ジェラートにも、ケーキにもできる。買い取り価格は、1キロ当たり300〜400円に設定されている。

じつは、メロンの前に、モモを全量買い取りしていた。10軒のモモ農家でモモ部会を発足し、形の悪い出荷できないものは、さいさいきて屋が買い上げてジェラートやドリンクなどに加工している。

さいさいきて屋では、多種多様な果物が加工品になっている。例えば、12月中旬から4月中旬の季節限定の一番人気商品にイチゴタルトがある。完熟のイチゴをふんだんに使い、6号サイズのワンホールが3500円。1ピースは400〜500円だ。この時期のショーケースは、イチゴ、イチゴ、イチゴと、とにかくイチゴで埋まっている。

完熟イチゴをこれほど贅沢に使えるのも、農家連携だからこそできること。形がそろわないものは、ジェラートや、アイスクリームや、ジュースになる。イチゴの時期のあとは、ブルーベリー、

⦿フルーツを贅沢に使ったケーキのショーケース

イチジク、栗、ブドウなど、季節の果実が次々と登場する。

まさに6次産業を形にしているというわけだ。6次産業というと、加工品を作り、大々的に東京へ売ろうとか、スーパーマーケットチェーンに出荷しようとかなる。実際はうまく展開しないケースがほとんどだ。独自の販売方法や売り場をもっていないために、加工品ができたとしても売ることが難題になる。

さいさいきて屋は、モノづくりのノウハウを形成し、売り場を一体化させたことから、地元の農産物の全量買い取りが可能になった。加工、販売までを無駄なく連携させて産地を形成するという、画期的な仕組みを築いたのである。

さいさいきて屋は、乾燥機と最新鋭の粉砕器を導入して、あらたな加工品展開を計画してい

⦿野菜や果物のパウダーを使用したパンも焼きたてで陳列され、好評だ

る。乾燥機で切り干し大根、干しシイタケなどができる。野菜や果物を微粒粉末（パウダー）にして団子、そうめん、クッキーなどに添加して、新感覚の食味をつくりだしている。パウダーは東京の著名なケーキ店にも販売できるようになった。

女性ファンの心をつかむカフェ展開

カフェコーナーの一画には、新たにかき氷の売り場が設けられていた。２０１４年の新商品だが、柚子に似た柑橘類の一種であるジャバラの実でかき氷のシロップをつくった。ジャバラの原産地は和歌山県といわれ、自然交雑種で江戸時代には庭木として栽培されていた。花粉症に効くということから、各地で栽培されて、一時大きな注目を浴びたが、マスコミの取り上げが一巡すると、売り上げは低迷し始めた。

そこで地元の業者と連携し、希少糖とジャバラのジュースでシロップを開発した。ジャバラのジュースも販売している。この商品化の成功も、カフェという売り場をもっているからだ。カフェのメニューには、旬の果実を使ったケーキ類やジュース類、ジェラートが並ぶが、カフェのファンが新製品を迎え入れてくれれば成功が期待できる。

カフェは、女性に圧倒的な人気で、そのことは、売り上げや商品開発のアイディアの源泉だが、それ以外にも絶大な効果がある。来店する女性たちの多くは、フェイスブックやブログで盛んに発信をするからだ。その口コミが県内外からの客を呼ぶ。いいものをつくり、それを提供する場所をきちんと整備すれば、今はＳＮＳでその存在が知れ渡る。抜群の力を発揮するのだ。

カフェの売り上げは、全体で年商1億８０００万円。隣りの、地域の食材を使ったセルフ式食堂は売り上げ1億５０００万円をあげる。

「コミュニティの憩いの場」新店舗構想

さらに今後予定されているのが、新たな店舗設営だ。２０１6年2月、今治市の朝倉地区でオープンが予定されているという。直販開発室室長の西坂さんによると、朝倉は合併前は村だったところで、ここにカフェ、金融の窓口、生鮮三品のコーナーを置く。小さなコンビニのような40坪ほどの店舗だ。朝倉は米どころで、野菜も採れる。朝倉の産物をメニューに入れて、そこでしか食べられないものを作って出す。コーヒー券、ケーキ券を販売して、気軽にお茶と食事ができる。

「そこに人が集まり、交流してくれたらと思います。憩の場になり、コミュニティの場所となる。農協の生き残りの場として、私たちは中山間地に活路を見出す提案をしていきます」と、西坂さんは語った。

ここまで言い切ることができるのは、兼業農家や主婦や高齢者が担う農家を支える販路を築き上げた実績があるからだろう。一方でカフェの運営、オリジナル加工品、野菜・果物を使ったスイーツなどの、自ら作り販売するノウハウを蓄積したからにほかならない。

これからの出店計画も、確実な形で、実行されて、いい形のものとなるだろう。さいさいきて屋の地域連携と売り場の仕組みは、今後の各地の手本の一つとなるだろう。

第7章 「嗜好品」であるコメをいかに売るか

「関心はダイエット」——女子大生への食生活アンケートより

ある日、国会中継を観ていると、「わが日本の主食であるお米を守らないといけません」と、発言している女性国会議員がいた。しかし現実は、すでに米の非主食化が進んでいる。

ここ数年、女子大で講義をしている。講義名は「地域と食文化」。そのクラスで毎年、食生活アンケートをとっている。2015年の受講生は、1年から4年までの125名。ほとんどが19〜21歳。教えている学生はとても優秀だ。授業ごとにレポートを提出させているが、ほとんどが自分の考えをしっかり書いてくる。また、海外での生活や滞在経験が1割近くあり、ヨーロッパの食や文化に触れている学生もいる。

アンケートは、開講日の授業の最初に行なう。結果は表2を見てほしい（自由選択、複数回答によるため、回答数のみ記する）。

表2　2015年5月に行なった女子大生への食生活アンケートの結果

❶朝ごはんを食べていますか？
毎日食べる……64／ときどき食べる……23／ほとんど食べない……7
❷朝ごはんはどんな内容ですか？
ご飯中心……41／パン中心……33／サラダ中心……2／ヨーグルト……13／フルーツ中心……1／シリアル……8／スムージーやフルーツジュースのみ……5／クッキーやチョコレートやカフェインの入った飲み物……2／その他……2
❸ブランチ（朝食と昼食を兼ねた食事）は食べていますか？
はい……56／いいえ……36
❹朝ご飯はだれが作りますか？
家族……52／自分……33（休日のみ自分……2）／コンビニやファストフードを買ってくる（冷凍食品や惣菜を含む）……13／その他……2
❺お昼はどうしていますか？
自分でお弁当を作る……19／学食を利用する……28／パンやお弁当を購入する……35／ファストフードやコンビニで購入する……20／親が弁当を作る……22／その他……1（カップ麺、菓子）
❻夕食を外食するのはどれくらいですか？
ほとんど行かない……13／ほぼ毎日……4／週に数回……49／月に数回……28
❼夕食で外食をするとどこに行きますか？
レストラン……79／居酒屋……22／その他……7
❽暮らしはどうしていますか？
家族と同居……63／一人暮らし……31
❾一人暮らしの方に聞きます。１カ月の食事代はどれくらいですか？
1万円くらい……11／2万円くらい……16／3万円くらい……10／4万円くらい……5
❿大学生になって味噌汁を作ったことがありますか？
ある……47／ない……52
⓫大学生になって魚料理をしたことがありますか？
ある……33／ない……61
⓬大学生になってご飯を炊いたことがありますか？
ある……33／ない……20
⓭ファストフードを利用しますか？
週1回……18／週に数回……10／ほとんど利用しない……67
⓮コンビニエンスストアのおにぎりや弁当を利用しますか？
週に数回……52／週に1回……16／ほとんど利用しない……25
⓯清涼飲料水を飲みますか？
毎日……19／週に数回……26／ときどき……39／まったく飲まない……10

表2　2015年5月に行なった女子大生への食生活アンケートの結果（つづき）

⑯甘い清涼飲料水 500ml のなかにおおよそステックシュガー（3グラム）が何本分入っていると思いますか？
2〜5本……21／6〜10本……29／10〜15本……22／15〜20本……22
⑰チョコレートやスナック菓子などお菓子を食べますか？
毎日……28／週に数回……33／ときどき……34／まったく食べない……3
⑱自分で料理をしていますか？（インスタントとレトルトをのぞく）
毎日……12／週に数回……15／月に数回……27／ほとんどしない……40
⑲高校時代、家事（食事）の手伝いをしていましたか？
毎日……9／週に数回……11／ときどき……41／ほとんどしていない……34
⑳ 忙しいときにはなにを減らしますか？
食事……6／睡眠……38／趣味……17／アルバイト……15／遊び……29／その他 ……2
㉑運動をしていますか？
毎日……4／週に数回……23／月に数回……25／まったくしない……40
㉒健康を意識した食事をしていますか？
している……27／していない……22／身体にそうとう悪いものは避けているが意識はしていない……43
㉓体調での悩みがありますか？（複数回答可）
太っている……43／やせすぎ……0／肌荒れがある……31／便秘……14／生

まず学生のアンケートを見ると、食生活がバラエティに富んでいることに気付く。朝ごはんから、ご飯、パン、サラダ中心、ヨーグルト、フルーツ、シリアル、ジュースやお菓子という回答もある。ブランチをとるという回答も多い。

作るのは、家族または自分という回答が多数派だが、コンビニエンスストア、ファストフード、インスタントや冷凍食品、カフェなど外食する声も少なくない。これは決してこの大学に偏っていえることではないはずだ。

清涼飲料水やお菓子の質問を調査を入れたのは、空腹を満たすために清涼飲料水やお菓子を摂取し、体調不良につながるケースがあるからだ。

表2　2015年5月に行なった女子大生への食生活アンケートの結果（つづき）

理痛……26／生理不順……11／アトピー……4／花粉症……23／不眠……7／疲れやすい……31／朝起きられない……34／食欲がない……1／つい食べ過ぎてしまう……32

㉔「食関係」で、関心のある事柄のベスト3をあげてください。

①美容……34／②ダイエット……33／③食事バランス……28／④食の安心安全……12／⑤和食……11／⑥生活習慣病……9／⑦運動……7／⑧道の駅……6／⑨栄養素……5／⑩スローフード……5／⑪遺伝子組み換え……4／⑫便秘……4／⑬食生活……4／⑭アレルギー……4／⑮農家レストラン……4／⑯有機農業……4／⑰TPP……4／⑱カロリー……3／⑲肥満……3／⑳健康……3

例：食の安心安全、生活習慣病、肥満、アレルギー、ダイエット、美容、便秘、運動、食生活、食事バランス、自給率、農産物直売所、道の駅、農協改革、WTO、EPA、FTA、TPP、グローバル、フードバレー、植物工場、和食、長寿、味覚ワークショップ、スローフード、遺伝子組み換え、BSE、フードマイレージ、輸入農産物、栄養素、生物多様性、バイオマス、新規就農、鳥インフルエンザ、環境問題、有機農業、食育、学校給食、農家レストラン、農家民泊、体験農園、ワーキングホリデー、農商工連携、メタボリックシンドローム、農業の多面的機能、食事バランスガイド、教育ファーム、農業の6次産業化、グリーンツーリズム、中山間地の農業、集落営農　など。

運動についての項目は、「まったくしていない」が約4割を占める。

体調を尋ねる項目では、「太っている」「太っていると思っている」が43人もある。講義の壇上から観る限り太っている学生はいない。

厚生労働省の調査でも、太っていると思い込んでいる若い女性が多く、痩せすぎになって健康問題につながっていることが指摘されている。厚生労働省「国民健康・栄養調査」（平成25年度）によると、20代女性の痩せすぎは21・5パーセントもある。痩せすぎの目安は、体重［キログラム］を身長［メートル］の2乗で割って算出するBMI（Body Mass Index）値といわれる健康的な体格をあらわす指標で

18・5未満とされる。

ダイエットも正しい知識で行なわれていればよいのだが、実際はそうではない。そもそもダイエットに関心があるものの、食事バランスが偏っていて、運動不足なのだ。できるだけ米は食べず、野菜だけは食べて健康になれると考えている人のどれほど多いことか。反面、お菓子類は食べていたり、野菜ジュース類をよく飲んでいたりする。そして、運動はしていない。こうした偏ったダイエットから体調不良になるケースが多い。栄養不足は、肩こりや貧血などを起こしやすくなったり、出産したときに子どもが生活習慣病を引き起こしやすいことなどが指摘されている。

学生のアンケートを見ても、疲れやすい、朝起きられないなどが目立つ。生活が不規則、食のバランスが良くない、夜が遅い、運動不足などが挙げられるのだろう。講師としては、学生たちに健康な生活をしてほしいと願っている。彼女たちが、社会人になり次の世代と未来を担うこととなるからだ。

米は売るほど赤字になる

秋田、新潟、栃木など、米の主要生産地に立て続けに訪れる機会があり、そこで、聞いたのが、米の引き渡し価格の低いことへの嘆きである。引き渡し価格が1俵（60キロ）1万円を下回っているというのだ。8500円ということころもあった。

農林水産省の「農林水産基本データ集」によれば、一経営体（戸）当たりの経営耕地は2・45へクタール。平成26年産水稲の全国の10アール当たり平年収量は530キロ。ということは、10アールでは、引き渡し価格1俵1万円として約8・8万円。2・45ヘクタールで215万6000円の収入になる。

一方で、米生産費は10アール当たり14万957円。「60キロ当たり」では1万5957円。つまり、10アールで5万2957円の赤字になるという計算だ。2・45ヘクタールでは、年間100万円以上の赤字だ。米の生産は赤字が一般的になっているのだ。すでに一部の地域では農地を集約している法人に貸し出しているところもある。

米の一人当たりの消費量をみると、1965年に111・7キロだったのが、2013年は56・9キロ。48年間で一人当たり、54・8キロも減っている。つまり、ほぼまるまる一人1俵分（60キロ）の米を食べなくなっているわけだ。

2011年の総務省「家計調査」では一般家庭におけるパンの消費額は米を上回っている。1世帯（2人以上世帯、農林漁家世帯除く）当たりの米に対する年間支出額2万7428円。パンは2万8318円と、逆転していることは知られている。

米の消費が減っている理由には、①食が多様化している、②太ると思って米を食べないという神話が根強くある、③食が簡易化している、④日本社会が高齢化していることなどが考えられる。①や③は、大学生へのアンケートからも推察できるだろう。②については、多くのダイエット特集やノウハウ本で、できるだけ米を食べてはいけないと書かれている。④については、後述する。

変化する消費者の生活と思考

東京のスーパーマーケットの米売り場では、３合（４５０グラム）の小分けで購入できるようになっている。主力商品は、１キロと２キロの袋であることからもうかがえるように、小袋化している。最近は、２合（３００グラム）で販売するところも増えてきた。茶碗の４杯分のご飯が炊ける。

東京の少食化はより顕著だ。高齢化比率があがっているのと、家族の構成人数が少ないことが主要な原因であるのは間違いない。団塊の世代とされる昭和22～24年（１９４７～１９４９年）生まれの人が２０１４年に全員65歳を迎え、高齢化がさらに進展した。

ちなみに東京都の調査（平成26年９月15日現在）では、次のことがわかる。

●高齢者（65歳以上）人口……２８９万３０００人（対前年比９万１０００人増）

●高齢化率（総人口に占める65歳以上人口の割合）……22・５％（対前年比０・６ポイント上昇、過去最高）

●65～74歳までの人口……１５２万２０００人（対前年比５万６０００人増）

●75歳以上の人口……１３７万１０００人（対前年比3万５０００人増）

また、東京都の１世帯当たり人員（一般世帯人員／一般世帯数、平均世帯人員ともいう）は、１・９５名。年々減少傾向にあり、平成27年以降、２人を下回って推移し、20年後には１・８５人となると予想されている（「住民基本台帳による東京都の世帯と人口　平成27年1月」）。厚生労働省の「国民生活基礎調査の概況」では、全国平均は平均世帯人員2・49人。東京は全国より少ない。

食の多様化が進み、主食の選択肢が米以外にも広がったことで、米に対する消費者の意識も変わってきている。２０１４年12月2日放映の「林修の今でしょ！　講座」（テレビ朝日）という情報番組で、「白米VS玄米　お米の新常識SP」として「米」がテーマに挙がっていた。この番組に米屋スズノブの「お米マイスター」西島豊造《にしじまとよぞう》さんが登場していた。私も何度かお店にも伺いお目にかかったことがある。西島さんの話が、今の米を象徴していた。

「お米は嗜好品《しこうひん》ですから、自分が気にいったものを選んで食べましょう」

つまり、かつて「主食」と言われた米は「嗜好品」になっているということだ。

また、一方で、「今は、いろんな種類の米があり、新しいものが次々と開発されているので、今日美味しいと言われるものが明日には変わっているかもしれません」という話だった。つまり、米の品種も刻々と変化して嗜好性が強くなっている。番組の中で、ご多分に漏れず、若い女性タレントが「お米は太ると思っていた」と発言をしていた。

「嗜好品」であるコメをいかに売るのか――兵庫県豊岡市

そんな状況のなかで、どうすれば、コメが売れるのか――各地から噴出するこの問いに、私は3

つのアドバイスをしている。

1つ目は、健康的な栄養バランスを明確にした食べ方を提供することである。料理の提案が欠かせない。ヒントになるのは、直売所での販売だろう。

前提として、女性にコメを食べてもらわないことには、消費量が増えない。ダイエット志向が強い彼女たちを説得するには、米、野菜、魚、肉、果実のバランスのいい食べ方を知らせ、米食が健康に良くて、ダイエットにつながることを伝えることだ。

ポイントは、栄養の三要素、炭水化物・脂質・たんぱく質をしっかりとること。それに、運動量の目安をきちんと裏付けをとって示し、食べ方を提案することである。栄養士や、学校給食の栄養教諭に聞けばだれでも知っている基本的なことだ。

この提案の元になっているのは、実際に、兵庫県豊岡市の米を東京・秋葉原でプロデュースで販売するにあたって生まれた手法だ。豊岡市の米は、農薬や化学肥料に頼らず、コウノトリがやってくる、さまざまな生きものが共生する田んぼで栽培される安全安心なおいしい「コウノトリ育むお米」としてブランド化されている。

キッチン付きの会場で開かれたイベントでは、スポーツ選手の食事指導も手掛ける栄養士こばたてるみさんにお願いし、バランスのいい食べ方をレクチャーしてもらい、料理の提案をセットして披露した。料理を担当したのは、数多くの人気レシピ本を出版するなど大活躍の料理家・馬場香織さんだった。

⦿コウノトリの舞う兵庫県豊岡市内の田んぼ

事前に豊岡市、JA職員に米のテイスティングをしてもらった。水の量、炊き加減などを調べて、味わい、香り、粒立ち、旨味、甘みなどの特性を、ほかの米と対比させたうえで特徴を五角形のグラフ化するなどして『食べる貢献 食べる健康』というPR冊子としてまとめた。

2つ目は、田んぼの環境調査をして、できれば生物環境も明らかにすることだ。こうすれば米が育つ環境の良さがわかる。また、田んぼの環境の良さをアピールするには、農薬を激減させることが必須だ。実際に、豊岡市のコウノトリ育む米は、完全な無農薬・無化学肥料か、国の規定の75パーセント以下である。

現在、スーパーマーケットや百貨店で販売されている良質のもの、通販で高値で販売されているものの多くは、農薬をその地域の慣例の半分以下とする特別栽培米、または日本農林規格

⦿「コウノトリ育むお米」のプロモーションイベント。右端が馬場香織さん

協会（ＪＡＳ）の有機認証マークを付けた有機栽培が中心である。有機認証マークは、３年以上無農薬、無化学肥料で栽培した農産物であることが条件になっている。

現在、多くの田んぼには、カメムシ対策としてネオニコチノイド系農薬や浸透性農薬が大量に使用されている。神経系への毒性が強いことから有機リン系農薬使用が禁じられたことで、その代用として１９９０年代から使用されてきた。近年、ミツバチの大量死の原因であることなどが指摘され、問題になっている。またミツバチに被害を与えるばかりでなく、人の神経障害にも影響を与えるともいわれている。

ＥＵではすでに使用制限が行なわれ、フランスでは使用中止、イタリアやドイツなどでも適用制限や使用禁止などの措置がとられている。国内でも、当該農薬を使用している米は販売をしないという販売店もある。

というのも、一般に販売されている医療や健康の書籍や食べ物の本でもネオニコチノイドの危険性が指摘されるようになってきたからだ。それらはコンビニの書籍コーナーでも売られているのである。一般の消費者でも意識のある人は、できるだけ農薬を使用しないものを求めるというのも自然の流れだ。

お米マイスターの西島豊造さんが営むスズノブのホームページをみると、農薬や化学肥料を半分以下にした米が中心となっている。「嗜好品」という位置づけにあるとすれば、消費者がコメを選ぶときのポイントは、おいしくて、健康になれる、ひいては環境に配慮をしたものを選択しているのだ。

3つ目のアドバイスは、450グラム、1キロなどの小さい単位の袋を用意をすることだ。

東京のスーパーマーケットの米売り場には、200グラムの小袋も並んでいる。一般のスーパーマーケットで450グラムで500円という価格付けであれば、ユーザーからすれば普通の価格。この価格設定では、1俵当たりで6万円近くなる。これを直接販売すれば、現在の受け渡し価格の60キロ1万円の6倍になる。実際、そういう直売をしているところはいくつもある。

さらに、健康、環境、美味しさ、売り方、食べ方をトータルできちんと提案をしていくためにテキストを作成することを勧めている。

このような試みをしているところは、いくつもある。そして、米もよく売れている。次章では、その具体事例として高知県中土佐町の取り組みを紹介する。

第8章　地域と大学と行政との連携で生まれたブランド米

7人の農家が作るブランド米——高知県中土佐町

四万十川《しまんとがわ》の源流から約18キロメートルの下流。大きな川には清流が脈々と流れている。海抜300メートルの山間にある中土佐町は、約6900名の町。周辺は山々に囲まれ、ときどき霧が出て幻想的な風景を生みだす大野見地区の農家の栽培する米が評判だ。

ここの町役場の農林課・南部満さんから、うれしいお便りをいただいた。

「昨年（2014年）のものは売れて在庫がない。ふるさと納税のお礼品に入れ、ホームページで紹介したら評判が広がり予約がきています。東京、大阪が多い。米どころ北海道の方からも申込みがありビックリです。

新米は予約待ち。発送までに時間を要することを案内すると、いいよ、待っています、とみなさん言ってくださる。ありがたいです」

⦿「おおのみエコロジーファーマーズ」のメンバー

大野見米の生産の中心となっているのは7名の農家「おおのみエコロジーファーマーズ」。全体で20ヘクタールのエコ米を栽培している。

米の価格は30キロ玄米で1万2000円（1等米）、1万円（2等米）である。この価格は、現在の農協に納める価格の約1・4倍にあたる。それでも完売して足りない状態だという。山間の6名の農家を中心に収穫できたのは12トン。メンバーも増えて今後は、地域に広げて、30トンまで増やしたいという。

大野見米の人気が上がっている理由は、

①周辺の環境の素晴らしさと、栽培から収穫までの工程を、写真入りのテキスト（PR冊子）にして、わかりやすく具体的に見えるようにしたこと。

②大学と連携して環境調査と食味の検査をして、評価を明確にしたこと。

③大学の協力で、田んぼや川の生き物調査をしたことがきっかけて、多くの学生の協力を得られ、小中学生か

ら、一般参加までも広がり、取り組みが若い人たちに認識されたこと。

2012年に、高知県立大学に環境やお米の食味調査などを依頼したところ、学生たちのスキルアップと社会貢献事業に一致すると大学の賛同を得た。学生たちが、農家に来てくれるようになり、田植えや、生き物調査にもかかわってくれるようになったという。今では30名以上の学生が、味の調査やレシピ開発に携わっている。

2014年は、地区内の研修施設「大野見青年の家」で高知県立大学健康栄養学部の学生たちが中心となり、地域住民に呼びかけて限定50名に食事を提供した。これも即完売。実践にもつながった。

2015年は、教育委員会の提案で、四万十の重要文化的景観を発信しようと、他の大学にも呼びかけ、広島、熊本などの学生たちも参加して食材調査も行なわれた。

南部さんは最初に計画をもち掛けるにあたっては、5年間はつきあってほしいと大学側に条件を出す。この5年間で年次カリキュラムを組み、1年ごとに下級生を育てていくと提案する。

1回生――田植えを通して、楽しくコミュニケーションを創る。

2回生――1年目の経験を活かし、1回生とともに、一緒に楽しみ、地元の人を紹介する。

3回生――全体を総括する。

4回生――学んだことを就職に活かす。

大学の先生から、単発の取り組みの申し込みはよくあるが、ここまで計画を作ってくる役場職員は初めてと驚かれたという。

「高知県農業創造人材育成事業」での出会いと7つの提案

私と中土佐町の大野見米とかかわりが生まれたのは、「高知県農業創造人材育成事業」がきっかけだ。総合アドバイザーに任命され2010年から4年間、ほぼ毎月のように高知に通った。

この事業は県知事の直轄事業で、「どこでも学びのある県」ということから、自ら行動を起こし、新しい事業を創出できる人を一人でも育てることを目指している。農家レストランや直売所で加工品を作り販売したいという農家などから公募を募り、セミナー開催や現地でのアドバイスを行なう。

この事業が面白いのは、県の職員が私たちアドバイザーとプランを練り、職員が直接運営を行ない、農村や農家の畑や直売所に出掛けて、一緒に合宿をしたり、学びの場をつくったりと、現場直結で行なわれていること。こうすることで、県は地域の事情を把握することができるし、地元に受け継がれてきたノウハウも残るというものだ。

このセミナーに中土佐町の農家高橋正二郎さんや清水美佳さんなど6名と役場の方たちが参加した。この時の出会いがきっかけになって、大野見を訪れることになった。その初訪問のときから、私はこの地の環境に深く惚れ込んだ。そしてアドバイザーとして7つの提案をした。

①環境にいい、米がおいしいというのは抽象的で具体的に見えない。田んぼの周辺に住む、昆虫、蝶、鳥、風景など写真に撮ったほうがわかりやすい。

②高知県のレッドデータブックと比較して生き物調査をする。
③米の試食会を開き、消費者に食味アンケートをとる。
④大学と連携して他の米とどう違うのか食味調査をして特徴を明確にする。
⑤大学と連携して田んぼの生き物調査をしてもらい学習と連携する。
⑥テキスト化して誰にでも説明できるようにする。
⑦米の販売を小袋にする。価格が倍になっても消費者からすれば、スーパーマーケットで購入する価格と同じか、むしろ安い米になる。

これをすべて実行・実践をして具体的な形にしたのである。大学との連携については大野見米の事例で紹介したとおりだ。

もともと、大野見米は四万十の清流の環境を守るために、栽培法や肥料、農薬の使用も厳しく規定がされた特別栽培米だった。そして田んぼや周辺の川には、カエル、メダカ、ホタル、トンボ、カワゲラ、ヤゴ、サワガニ、ドジョウ、タニシなど30種類ほどの生き物が生息している。

今、各地の田んぼではホタルやメダカを見ることは稀である。原因は、田んぼの整備化、農薬の使用、また秋の稲刈り時期には田んぼから水を抜いてしまうので乾田となり、水系の生き物が越冬できない状態になるためだ。田んぼの生き物で絶滅危惧種になったものもたくさんある。

高知県のレッドデータブックを確認すると、ドジョウは、近い将来における野生での絶滅の危険性が高い絶滅危惧Ⅱ類に、メダカは、今は大丈夫だが、放っておくと将来絶滅するおそれのある準絶滅

⦿田んぼの近くの川に入り、生物調査を行なう学生たち

危惧に分類されている。

エコをブランド化するなら、生き物や美しい川を四季を追って写真に撮ることが重要になる。生物調査をすれば生物スコアという基準表に照らすことで、清流度もわかる。

大野見地区では、生物調査は年3回実施され、1回は大学生、あと2回は、農家と小中学生で行なっている。この取り組みは、地域の人や中土佐にやってきた新規就農の若い人たちにも共感を呼んでいる。2015年の生き物調査には、社会貢献事業で山林の間伐をしている大手企業の社員と家族40名も参加したという。

「田んぼは、周りの環境もよくしていかなければならない。田んぼは、調べていくと奥が深い。そんなところに、よその人も、地域の人も共感が生まれています」と南部さん。

米の試食会は、農家のメンバーと役場の担当者で行なった。味、香り、粘り、旨味などのアンケートをとり、大野見米の持ち味を明確化した。また高知県立大学と連携したほかの米との比較調査の結果をまとめ、カラー写真入りで米の紹介テキストを作成したのである。これをメンバーの農家の一人清水さんから渡されて感激した。とてもよくできている。

これに写真を加え、ホームページを作成すれば通販ができる、とアドバイスをしたら、ホームページも農家の女性が立ち上げてしまった。このホームページには、生物調査の様子も掲載している。

新米の刈り取り前の立秋の頃、南部さんから手紙が届いた。そこには、次のようにしたためられていた。

「農業創造セミナーから早くも3年が経過して順調に売り上げも伸びています。農家さんのしっかりとした販売戦略が実を成しています。また、濁り酒（どぶろく）も完成して正式に販売を始めました。高知県内の濁り酒を飲みつくしましたが、どこのよりも飲みやすく仕上がっていると思います。たくさんの方々から、感想を頂戴し製品づくりに生かして愛され続けることと確信しています。他人の評価を嫌いがちな農家さんが創造セミナーをきっかけにここまで成長をしてくださいました。私もそうですが、たくさんの方々の支えや貴重なご意見が役立っていると思います」

うれしくて胸がいっぱいになった。大野見米の濁り酒での晩酌が楽しみだ。

食のテキスト化の意味

彼らの作成したテキストは、非常に充実したものだった。農家の清水さんも、自分たちの作った大野見米のテキストを手に、「これを見せると、すぐ販売が決まる。わかりやすい」と手応えを感じてくれているようだ。

「林業の関係でいらしている大阪の木材会社の方が、社員に食べさせたいと社員食堂で使ってくださったり、水を扱う企業がまとめて購入してくださったり、中土佐の食堂で使われたりと大きく広がりました」と清水さん。

そこで私は高知県の補助金の担当者に、こんな質問をしてみた。

「このテキストをベースに大学と連携する。学生に現地に来てもらい生き物調査をして、生物多様性を学ぶプログラムを作成したい。そうすれば、学習プログラムとして、学校や旅行会社や一般消費者向けのエコツアープログラムができる。また、ご飯を炊いて食べる体験でお金がとれる。そのための米として、環境に良いという付加価値をつけて、５００グラムや1キロ単位で米を販売する。そうすれば、売り上げを倍以上にできる。この大学連携のプログラム作成に補助はつきますか？」

回答は「予算はつけられる」だった。

これは国が進めている農業の６次産業化なのだ。６次産業に政府の補助金も出るというので、各地

⦿環境調査から刈り取り、実食までを農家と協同して行なうことは、学生にとっても貴重な経験となる

で加工場をつくり、ジャムやジュースなどの商品をつくっているところも少なくない。しかし、田んぼで生き物を観察して、学びの場をつくる体験プログラムという、ソフトの開発も6次産業なのだ。

6次産業の政府補助を申請する場合、どんな商品でどんな特徴があり、売り先や売り方などを書き込まなければならない。

テキストがあれば、ポイントが明確で、要点がはっきりする。食材の特徴をビジュアル化するテキストは、付加価値を高めるためにも、商品説明をするにも、料理の提案をするにも使える。さらに知的財産を守るためにも、ブランド化にも必要なものだ。だが実際の現場では、適切なテキストがほとんどない。

大野見で行なわれたような、多くの人を巻

き込んだ田んぼの生き物調査は、エコロジーと生物多様性と子どもや学生の環境教育にもつながるだろう。大野見の農家のみなさんと役場の担当者の行動力に拍手を送った。

大野見米のテキストの後日談

「高知県農業創造人材育成事業」は、4年間にわたって行なわれたが、毎年、参加者とアドバイザーが一堂に会して、取り組みと事業計画を発表する日が設けられている。アドバイザーメンバーには、高知県の6次産業の推進モデルとして著名な、馬路《うまじ》村農業協同組合代表理事の東谷望史《とうたにもちふみ》さん、「道の駅四万十とおわ」(高知県四万十町)社長の畦地履正《あぜちりしょう》さんがいた。

会場の前のテーブルに私と並んで座っていたら、そこに「おおのみエコロジーファーマーズ」の農家の一人が走ってやってきた。

「先生に言われたテキスト。直したものを印刷してきました。アドバイザーの方の分しかないですが、見てください」

渡されたのは、その4カ月前に大野見に行ったときのアドバイスを反映したテキストの改訂版だった。表紙は、中土佐の秋の風景だ。たわわに実った黄金色の稲穂と、手前には彼岸花が咲き、その奥には、緑豊かな山々、そして秋の青空が広がっている。

ページをめくっていくと、四季の花々、トンボ、蝶、ツバメなどの生き物、大学生たちとの農業体験や料理、農家のメンバーの顔、1年間の栽培の様子が写真で紹介される。「おいしい」「環境にいい」が一目でわかる。

改訂前のものは、表紙が「大野見米」という文字になっていた。また、中面の写真は田んぼの周辺の川が収められていた。それを見たときに、「表紙にたわわに実った大野見の米の写真の風景があるといいよね。そうすれば、豊かな米と環境がすぐわかる。ほかの写真も、魚や、鳥や、虫もいるほうが環境が見えるよね」と伝えたのだ。この改訂版には、そのアドバイスが活かされている。さらに、大学と連携した食味調査の写真、生き物調査などが追加されてバージョンアップしていた。

すると、これを手にした畦地さんが突然立ち上がった。そして200名はいるだろう会場に向けて、テキストを大きく掲げた。

「ここにJA職員はいるか！　JAこそが、こういうことをやらにゃいかんやろ！」と大声でアピールしてくれたのである。これにはびっくりした。そしてうれしかった。

キーワードは「健康」——米・餅販売戦略の提案書

各地で食の振興へのアドバイスを求められる。そして食や環境の調査、食べ方の提案、ワークショップの実施などについて話す。ここでは、滋賀県の農家から相談をされた米の振興と販売拡大についての提案した内容を紹介しよう。参考になると思われたなら、すぐに実践してみてほしい。これが形になれば、間違いなくブランドを形成できるだろう。

【提案主旨】

・米を売らずに、食べ方を売ることで、消費を広げる。
・米および餅やライスペーパーなどのワークショップを開催する。
・これまでにない、多彩なレシピ紹介をするとともに食べ方と食べる場を提案。消費者に、豊かな米の料理を広げる。［レシピの例＝イタリア料理（サラダ、リゾット）、ケーキ、フライ、ジュース類、麺（ベトナム料理のフォーなど）、春巻きなど］
・地域でレシピを共有化し、さまざまな料理の場を地域にも広げる。
・スポーツ栄養士と連携をして、健康な食として食べ合わせを提供。
・ダイエットに関心の高い女性をメインに、おしゃれでバランスの良い食べ方を提案して消費拡大をする。
・米の栽培環境をテキスト化することで、環境とともに「おいしさ」を販売。
・日本式の食べ方を、日本在住の外国人に発信。
・外国人観光客向けのマーケティングを行なう。例えば、海外の人に人気のある隣の京都には多数の外国人観光客が訪れる（宿泊の外国人客は113万人）。日本に関心の高い外国人が増加している。

・外国人向けサイトでは、日本食として米の紹介。地域の農家レストランなども紹介する。
・体験教室や作業所にWｉ－Fｉ環境を整え、ネット配信できるようにする。

【背景】

・米の消費量が減っており、価格も低迷。パン食が上回るという状況になっている。
・米は主食というが、実際は、主食になっておらず、パン、パスタをはじめ、さまざまな食の一つとなっているのが現実。
・国内にもイタリアン、タイ、ベトナム料理店がたくさんできている。世界的に見れば米のレシピは、リゾット、サラダ、フライ、ケーキ、ジュース、ライスペーパーなど、じつに多彩である。だが米を売る側に知識が乏しく、国内消費者へのメニュー提案やレシピが極めて少ない。
・パン類、パスタ類はさまざまな食べ方の提案がある。レストランや料理教室などでレシピや書籍が販売されるなど、多彩な取り組みが展開されている。
・スーパーマーケットでもパン売り場は大きい。また、食べる場（カフェスペース等）が併設されている場合もあるが、米売り場は奥まっていることが多く、食べ方の提案がきわめて弱い。
・国の医療費は40兆円。がん、肥満、高血圧、糖尿病などが拡大。国も市町村も食育と健康推進をしているが、食と農業の現場と、保健課、栄養士、スポーツなどの連携がきわめて弱い。
・女性はダイエット志向で、いまだに米が太る原因であると思っている向きがある。健康な食べ方の提案が必要。

・環境への取り組み、安心・安全が注目されている。売れている米は、ＪＡＳ有機や、特別栽培米。米の栽培環境を提示している商品が、付加価値の高い米として売れている。

・米が直売所で販売されていても、レシピ提案や料理の豊かな提案、食べる場、環境の取り組みの紹介をしているところが少ない。

【手法】

・米の栽培法や環境、品種などをテキスト化して、ほかとの米の違いを明確にする。とくに甲賀《こうが》もちは、ほかと味わいも繊細で豊かなことから、その環境を明確化したほうが、付加価値をつけやすい。

・ワークショップ（参加型）は、農家や栄養士、地元の小売店などにも参加してもらい、米の料理を一緒に作り、全員で試食。または公開授業型で、作り方を学び、実際に味わってみる。どんな食べ方ができるかを多くの人と学ぶ。

・写真がじょうずな地元の人に、作った料理の撮影を依頼する。動画撮影もしておくとよい。

・ホームページを作り、レシピとあわせて写真をアップする。印刷すれば、そのままプロモーションできるようにする。動画は、ユーチューブ（動画共有サイト）にアップをする。

・ワークショップの試食後は、アンケートをとる。できたメニューのうち、「売ってみたいもの」「おいしかったもの」「家庭で作ってみたいもの」「メニュー化したいもの」のベスト3を選出。その中から、実際に試験販売を実施。あるいはメニューを提示販売。

・ワークショップの広報のために、地域のラジオ・新聞・テレビ・ミニコミ誌などすべてに声をかけておく。当日は、メディア関係者にも実際に味わってもらう。
・直売所の担当者は、女性をメインにするのがよい。料理が好きな人、新しい販売をしてみたい人などが最適。
・保健課、学校給食栄養士、教育委員会とも連携をして、健康の視点も明確化をしたほうがよい。
・料理開発メニューとは別に、スポーツ栄養士を入れて、健康な食べ方の視点で、バランスのよい食べ方、お米をたくさん食べても、運動と野菜の良好な組み合わせがあれば、ダイエットになることを提案。
・ターゲットは女性。健康志向のレストランなどを利用する人。
・大学連携で日本にきている海外の留学生と一緒にワークショップを行ない、日本の味わいをSNSで発信をしてもらう。［候補＝立命館大学びわこ・草津キャンパス、滋賀県立大学など］

第9章　山間地から広がるグリーンツーリズムの世界的ネットワーク

全国に広がるグリーンツーリズム
——NPO法人「安心院町グリーンツーリズム研究会」（大分県宇佐市）

すでに地方では、グローバルな視点を踏まえて、地域の特色を自治体がバックアップする動きは各所で始まっている。例えば、大分県の山間の盆地、宇佐市安心院《あじむ》で、農家が「民泊」として観光客を受け入れ、農村生活や自然環境を丸ごと観光資源とする施策を積極的に進めてきたことは、よく知られている。

この取り組みが、本格的に始まったのは１９９６年。全国初の「農村民泊」でありグリーンツーリズムの先駆けだ。「安心院町グリーンツーリズム研究会」が設立され、農家と旧安心院町（２００５年に宇佐市に合併）での地域振興の話のなかで、ドイツの取り組みが話題にのぼったのがきっかけである。

表3　安心院町におけるグリーンツーリズムの理念

●グリーンツーリズムとは、地域に生きる一人一人が農村での日頃の生活を楽しく送る中で、外からのお客を温かく迎え入れることのできる《豊かに輝く農村》を目指した、新しい農村経営を求める運動である。
●グリーンツーリズムとは、都市（消費者）と農村（生産者）のこびることのない心の通った対等な交流を通じ、「知縁（情報で結ばれた親類）関係」となり、共生の道を探すものである。
●グリーンツーリズムとは、村における連帯意識を生活を通し景観から産業まで一体的とりくみを職業的かつ年代的垣根を越えた連携を図る中に行うことにより、地域経済の発展と町全体の活性化を目指すものである。
●グリーンツーリズムとは、閉ざされた農村社会の過去のイメージを払拭し、農村婦人の地位と意識の向上ならびに自立を図り、男女共同にして成り立つ「ムラづくり」と魅力的家族関係を作る運動である。
●グリーンツーリズムの根付いた農村には、恵みに豊かな自然環境が大切に守られていて、その中で生きる人々の自信に満ちた笑顔がある。 　それを求め、心のせんたくのために足繁く訪れる旅人により町の品位は高まり、経済も潤すことができるものである。
●グリーンツーリズムの普及により町が息づけば、次世代を担う子供たちに明るい夢を与え、誇りを持つことができる。

安心院町グリーンツーリズム研究会の掲げる、３つの綱領がその特徴を教えてくれる。

①都市との交流により、町の基幹産業である農業を守り育て、発想を変え新しい連携の下、経済的活性化により農村の１軒１軒の足腰を強くする運動である。

②農村の環境・景観を保全し、ゴミのない町づくりを原点とする。

③農村の社会的、経済的向上を目指す。

会の成り立ちや、外国からの受け入れを積極的に受け入れている様子、民泊を受け入れる農家の感じるやりがいについては、『地域ブランドを引き出す力』（合同出版、２０１１年）に詳しい。

ドイツは、EUのなかでもグリーンツーリズムの先進地の1つにあげられる。国内で、約2万軒の農家の宿泊施設がある。農村観光は、しっかり定着をしていて、国外からも多くの観光客が訪れている。安心院町グリーンツーリズム研究会の有志は、発足当初より先進地のドイツでの研修や宿泊客受け入れのための学習会などを行ない、独自に農家民泊を受け入れてきた。

安心院町議会も1997年に「グリーンツーリズム推進宣言」を議決。2001年には、安心院町の商工歓交課（商工観光課を改称）内にグリーンツーリズム推進係を設置するなど、町をあげて推進してきた。2002年、大分県が旅館業法、食品衛生法の適用規制を緩和する独自の方針を打ち出した。グリーンツーリズムを目的とする場合において、農家を簡易宿泊施設として営業許可するものだ。

現在、安心院地域を含む宇佐市の約50軒の農家が民泊に参加し、年間9000名の観光客が訪れる。修学旅行や中国・韓国はじめ外国からの来訪も多い。

農林水産省統計部「農林業センサス」によれば、2010年の全国の農家民泊は2006軒。2005年は1492軒だったから、確実に増えていることがわかる。なかでも大分県は117軒と群を抜いている。2014年の大分県内の農家民宿は355軒ともいわれている。調査は5年毎に実施されているので、2015年の結果が出れば、さらに増加していることが予想される。

有機農業＋民泊＋援農――「蕨原おわて」（大分県玖珠郡九重町）

また、大分県の新方針を受けて「大分グリーンツーリズム研究会」が結成されている（２００４年にＮＰＯ法人に認可）。大分県内では、旧17市町村のほかに国東《くにさき》市、日田《ひた》市、由布市、佐伯市、臼《うす》杵《き》市、杵築《きつき》市、豊後高田《ぶんごたかだ》市、竹田市などの各市町村でグリーンツーリズムが取り組まれている。玖珠郡九重町《くすぐんここのえまち》も、その1つだ。九重町は九州の中央部に位置する山間地で、大分県竹田市や、熊本県阿蘇に接している。人口1万人ほどの町である。ここに有機農業、農家レストラン、農家民宿を営む「蕨原《わらびはら》おわて」がある。

おわては、標高８００メートル近い飯田高原にある築２３０年の重厚な木造建築の古民家で営まれている。周辺は、手積みで作られた石垣があり、山々が連なり、さまざまな木々の緑のグラデーションが、じつに美しい。玄関から入ると囲炉裏や奥には竈《かまど》があり、縁側があって、小さな庭がある。家の裏手には小さな水路があって、山からの清涼な水が流れている。

オーナーである時松和弘《ときまつかずひろ》さん、令子《れいこ》さん夫妻は、遠縁で後継ぎがいなくなるという事情から、造り酒屋をしていた祖先の隠居宅として１７７７年に建てられたこの家を引き継ぐこととなったという。和弘さんも酒蔵を営み、傍ら、地域の名産であるキジの養殖をしていたという。ところが農業が好きで、いつのまにか有機農業を本業とした。鶏やヤギも飼っている。

⦿築 230 年の古民家を活用した「蕨原おわて」

米2ヘクタール、黒米60アール、大豆40アールなどを栽培する。米は、コシヒカリ、ミルキークイーン。黒米のほかにも緑米、赤米などを栽培している。生産物は有機農業のグループで販売をするほか、個人販売する。

宿泊は、一泊食事付きで6500円。1日一組だけ。とはいっても、私たちが泊めてもらった日はグループ総勢10名にもなった。

夕方になると令子さんが私たちの料理のテーブルの側で、天ぷらを揚げてくれた。最初は椿の花。ほんのり椿のいい香りが漂い甘みがある。初体験だった。次にフキノトウ。いずれも庭に咲いたもので、季節の風がゆっくり体に沁み渡るかのようだ。

料理は、赤米の入った釜炊きご飯、鶏の炭火焼、ワラビ・タケノコ・フキの漬物、コンニャク、肉じゃがなど。醤油も味噌もすべて時松家

◉宿泊者に提供する米を炊く昔ながらの薪釜

の自家製だ。どれもこれもが素朴だが、しっかり味わいと個性をもっている。それでいて調和が素晴らしい。食べた感じがすがすがしい。旨味がじんわりゆきわたり、後味がさわやかだ。

料理の合間、ふと窓の外に目をやると、さまざまな色彩に満ちた景色と清涼な空気を感じられる。まさに五感で味わう料理である。こんなにも幸せな料理を食べたのは何年ぶりだろう。そう思わせた。

宿泊のほかに体験も受け入れていて、豆腐づくり、コンニャクづくり、米飴づくり、もちつき、山菜とり、キノコ狩り、農業体験などを行なっている。国内はもちろん、海外からも体験研修に来ている。最初は民泊ではなく、体験講座が始まりだった。

私が体験したのはコンニャクづくり。コンニャク芋を茹でて皮をむき、それをミキサーで

⦿「蕨原おわて」の店内で販売される米、たまご、茶など

砕いたところに木の灰で作った灰汁《あく》（凝固剤）を少しずつ入れて粘りを出し、粘着性のある塊を作る。それを丸めて、竈の釜で茹でる。

指導してくれたのは、福岡県小倉から来ているという有機農業を学んでいる男性。将来は、自分の家で農業を行なうと言う。そういうふうに、泊り込みで学びに来る人がたくさんいるというので驚いた。

「常時4人から5名はいます。有機農業を習いたいという人。寝る場所と宿泊は提供をします。1年〜5年くらいいる人もいます」と、奥様の令子さん。

イギリス由来の週末援農ネットワーク「ウーフ」

ふと台所を見ると、何人かの若い女性が料理の準備中だった。彼女たちも、研修できていた。有機農業家のネットワーク「ウーフ（ＷＷＯＯＦ）」という仕組みがあり、そこに登録をした人たちがやってくるのだという。

ウーフは、１９７１年にイギリスで発祥し、今や世界50カ国以上で実践されている。ＷＷＯＯＦとは、「世界に広がる有機農場での機会」（World Wide Opportunities on Organic Farms）の略称。設立当初は、Working Weekends On Organic Farms（有機農場での週末作業）という理念を掲げていたという通り、週末に農家の援農に行くというのが始まりだとか。それが発展をして、宿泊まで受け入れるようになった。日本にできたのは１９９４年。日本支部は北海道札幌市にある。

農家側と研修生側には金銭の授与はなく、相互に学び技術を伝え広げていくことが目的だそうだ。日本国内では北海道から九州まで４００カ所が登録をしている。登録をしている農家には、若い人たちが各地からやってくるというわけだ。すでに、地域間の世界的なネットワークが広がっている。

実際、イギリスの農村部に行ってみると、ウーフという制度の評判が良かったというのがうなずける。というのは、イギリス中西部のヘレフォードシャー県ペンブリッジ村の「ロウ・ファーム（Lowe Farm）」を訪ねたときの体験が思い起こされるからだ。

イギリスの美しいB&B

Ｂ＆Ｂとはベッドルームと朝食（bed & breakfast）の略。農家の一部を改装して泊まれるように

⦿イギリスのB&B「ロウ・ファーム」のベッドルーム

したもの。宿泊者向けのベッドルームと朝食を提供する。ディナーは近郊のパブやレストランなどで食べる。

ロウ・ファームはロンドンから車でおよそ2時間ほどのところにある。私が訪れたのは夫婦で経営する農場で、ご主人が農業を専門に行ない、奥さんがB&Bを経営していた。ベッドルームは、自分の住まいの一部と養鶏小屋を改装してつくられた部屋で、私は離れのダブルの1室に泊った。このほかに、母屋にシングル〜ツインルームまで4室ある。

壁は漆喰《しっくい》。柱は古い建造物のものがそのまま活かされている。壁紙は花柄模様。飾窓には可愛らしいカーテンがあり、木枠の窓の向こうには広い庭の緑が一面に広がっている。床には毛足の長い絨毯《じゅうたん》が敷き詰めてある。冷え込むためか廊下も絨毯が敷いてある。玄関から階段や通路や踊り場のカーテンは部屋別に手づくりものだという。

アメニティも充実している。部屋は内側からも鍵をかけられる完全個室で、冷蔵庫があり、水とミルクが入っている。机には紅茶のティーバックが入った木箱と湯沸かし器がある。ドライヤーや手鏡、扇風機もあった。明け方になると自動的に暖房が入るようになっていた。シャワールームもあり、シャンプー、石鹸、バスタオルにバスローブも置いてある。きちんとベットメイキングもされていた。

農地は80ヘクタール。日本では大規模農家だ。大麦、カラス麦（オートミル、ウィスキーに利用される）、ジャガイモ、オーガニック栽培の乳牛向けの牧草の栽培、羊１００頭の飼育などをしている。ところが、農業収入を聞いてみると、意外や農家民宿をいれて８００万円くらいだという。

羊はウールや食肉として飼われている。羊の毛は、1頭当たり1ポンド20～30セント（約２３０円）。羊の毛刈りにはニュージーランド人を2名雇い、1頭に1ポンドを支払うという。肉としては1頭あたり70～80ポンドだという（約1万円）。規模が大きい分、農業収益が高いかと思うとそうではなかった。実際に、農業だけでは苦しいそうで、農場の主人は農閑期には水道工事や電気工事のアルバイトにも出かけるという。日本と事情はまったくかわらない。

B＆Bを始めたのも農業収入の低さをおぎなうため。１９９9年から始めたそうだが、今では、年間１０００名以上が宿泊し農場としての収入の半分を占める。この状況も、日本の直売所や農家レストラン、農産加工品が増えているのと同じだ。

環境・景観保護への充実した補助金制度

イギリスでは1970年頃まで農業の合理化が進められていた。しかし生産が増大しても価格は低迷、設備投資も大きくなり、収益も上がらなかった。それだけでなく、大量の農薬や化学肥料を使い、環境破壊を招いた。地下水が汚染され水質悪化が問題となった。

1970年代、環境運動が大きくなり、環境に配慮した農業の政策への見直しがいわれはじめた。口蹄疫《こうていえき》や牛海綿状脳症（BSE）、鳥インフルエンザ問題もその動きに拍車をかけた。

そこから農業政策が大幅に変わる。屋内の狭い空間での牛の大量飼育、鶏のケージ飼いも制限が設けられるようになった。牧草地帯では牛も羊ものびのびと飼われている。鶏も広々とした庭で飼われている。日本とはまったく飼育環境が異なる。

また同時に環境保護のための助成が始められた。細かい基準を設け、例えば次のようなさまざまな取り組みに1ヘクタール当たり15ポンドから600ポンドの補助金を出したのだ。

- 耕地の一部に野草をまいて昆虫の生息環境をつくる。
- 作物の害虫を食べてくれるクモを生息させるために殺虫剤を制限する。
- 排水路の側面に動物の通り道やエサ場になる場を設ける。
- 穀物の刈り取り後7月まで放置して、鳥やウサギがエサの確保や巣づくりの環境を整える。

・古くからの樹林地は残して昆虫や鳥類の隠れ場をつくる。
・大麦をまくときはマメ科の種を混ぜて、収穫後しばらく放置して鳥のエサ場にする。

農家はこうした取り組みを遂行することで、農業経営を健全に続けられることになる。さらに農村の納屋、鳥小屋、牛舎など、古い建造物は勝手に壊してはならないという条例も作られ、改築して宿泊施設にすることが奨励された。これにも助成がつく。

この政策によりイギリスの田園風景に緑が圧倒的に多くなり、古い町並みがどこまでも続き、絵葉書になるようなところばかりになるはずである。そこにおのずと観光客が行きたがるという状況が生まれるのもよくわかる。歩けば、ノウサギ、キジ、リスにもよく出くわした。農村で休暇を過ごす人も多い。

海外から観光にイギリスに訪れる人は、年間のべ３２６１万人。イギリスの人口は約６０００万人だからたいへんな数である。

ＥＵでは、農家の景観保護と農家の宿泊施設、農家レストランは、すでに農業経済の一部になっているという。イギリスでは、Ｂ＆Ｂもホテル並に情報が充実している。またホテルと同格でランク付けがされており、快適な宿泊施設として一般化しているのがわかる。

イギリス国内でＢ＆Ｂは約８０００軒もある。専門のガイドブックやウェブサイトを見ると、施設の設備、体験内容、周辺の環境、ベット、食事などが細やかに紹介されている。それらがスライドショーで見ることができる。しかも建造物を景観と一体化させた取り組みが奨励されているため

⦿景観に合ったイギリスのB&B

に、宿泊する家が、どれもクラシックでありながら、一軒一軒が違った個性をもっている。どこも生垣に囲まれて、周辺も緑が豊かな環境になっている。

B&Bは、女性の小さなビジネスとして行なわれている傾向もある。私が訪れた農場の奥さんは、もともと勤めていた銀行を辞めて、B&Bに乗り出しのだという。また施設を購入して定年退職後に始めたという人もいるそうだ。農村や地方の暮らしがステータスになっているともいえる。

ウーフがイギリスで、大きな広がりとなったというのは、周辺の地方の環境と観光対策と同時に、憧れとなる徹底した町づくりがされているからなのだ。

日本のグリーンツーリズムの未来

日本のグリーンツーリズムの現状に目を向けると、まだまだ課題が山積みだ。

日本では、「農家民泊」と翻訳されている。これが大きな誤解を生んでいる。というのも、農家が自宅をほぼそのまま宿泊施設としているところが少なくない。食事は農家と同じ、トイレや風呂も共通なのだ。これでは、宿泊客は落ち着かない。

イギリスのB&Bが快適で、瀟洒《しょうしゃ》なホテルに宿泊するのと変わらないと感じるのは、設備だけでない。イギリスの農村地帯には、日本でよく見る派手で景観とマッチしない店舗の看板などない。コンビニも自動販売機もない。放し飼いされた羊や牛が広大な牧草地帯を悠々と歩き、昔ながらの石垣、木々を厚く植えた垣根、間伐材が使われた木の柵で囲われた民家は、どれも歴史を感じさせる。おまけに電信柱をみたら、日本では昭和40年代にはほとんどなくなってしまった木の電柱であった。

これらは、農家保護、環境政策、景観保護、観光など全体に気配りされた、トータルの環境政策による。生物多様性の維持と農村景観を守り、つくること、そこに観光事業に据えて、農家の宿泊施設とレストランをつくる。ヨーロッパ全土からの観光客誘致につなげるという壮大な地域経済の向上が考えられている。国家戦略として、根本から農業政策を見直すなかで、未来が開けてくるのではないだろうか。

第10章　調味料にこだわらなければ個性は出せない

醤油をめぐる一考察

九州を旅した人が残念そうに、よく言うことがある。

「刺身を食べようとしたら、醤油《しょうゆ》が甘くてとても食べられなかった。あれは何とかならないか。魚はいいのに、醤油だけは口に合わない」

実際、九州では一般的に醤油が甘い。もっと素材が引き立つ、甘くない醤油を置いてほしいと思う。長崎県平戸市、佐賀県唐津市、鳥取県境港市、山口県萩市、山口県長門市、新潟県佐渡市などでも、漁港に併設された魚売り場で甘い醤油が置かれている。実際に現場でアドバイスをすることもあるが、たいていは煙たがられる。というより、使っている人たちにとってはこの醤油が日常化していて、ほとんど無頓着である。

醤油が甘いのは、甘草やステビア、果糖ブドウ糖液糖、サッカリンなどが添加されているからだ。

中には砂糖が添加されているものもある。刺身醤油は、特に濃厚な味付けのものが使われている。当然ながら、この醤油を使えば刺身はとても甘くなってしまう。普段、無添加の醤油で刺身を食べている人だと、「甘くて閉口する」となるわけである。

スーパーマーケットなどで販売されている醤油のうち、安価なものの多くは、脱脂大豆が原料だ。これを塩酸分解し、色付けやアミノ酸やブドウ糖、ステビア、カラメルなどで味を加えている。脱脂大豆は、アメリカ産の大豆油をしぼった後のもので、牛の飼料としても使われ、安く手に入る。こうして安価な「醤油らしきもの」はできあがるのだ。

本来は塩と小麦と大豆を原料とし、これを麹《こうじ》や乳酸菌で発酵させたものが醤油だ。『広辞苑』(第六版)を引くと、やはり「大豆と小麦とで作った麹と食塩水とを原料として醸造する」とある。醤油の醸造を自然発酵に任せると、できるまでに1~3年はかかる。それなので、多くの醸造所では、熱を加えて発酵を促し製造期間を短くしている。今も古来の醸造法で作る所は極めて少ないが、それでもいくつか存在している。言うまでもないが、大豆、小麦、塩を使って、古来の製法で作ると、値段は高くなる。

2000~08年まで鹿児島県奄美諸島の徳之島に一家で暮らしていた。やはり、スーパーマーケットに大量に出回っていたのは、添加物入りの甘いもの。それらは、地元の料理店でも普通に使われていた。しかし、この人工的な味にはどうしてもなじめなず、取り寄せた醤油を持ち歩いていた。

徳之島の伊仙町《いせんちょう》は、世界最長寿としてギネスブックに載った泉重千代さん(享年120)や本郷かまとさん（享年116）が生まれ育った所である。子どもの出産率も高いことから「長寿・子宝の町伊仙町」を町の振興政策の柱の1つに据えている。

「長寿」を旗印に観光にも力を入れようと、直売所でも「長寿」の素として地域の食材をブランディングしているし、町には昔ながらの料理を出す店もある。しかし、基本の調味料がしっかりしていないと、せっかくの伝統的な素材や地場の魚が生きない。そこで地元の料理店にも、観光関係の人たちにも、何度も調味料を選択してほしいとお願いしたものだ。

調味料のテイスティングをしてほしい

食で地域おこしをしたいと、地方では食のコンテストやイベントを実施している所も少なくない。また、料理をメインにしたキャンペーンで観光客誘致を目指す所も多い。だが、食の現場に行くと、調味料にまでこだわったという所は、ほとんど見当たらない。

各地でワークショップを開くとき、どんな食材のワークショップでも、私は必ずあることを先方にお願いしておく。それは、調味料の選定である。そして、調味料のテイスティングを提案する。

試しに原料が異なる醤油をいくつか持ってきて、香り、見た目、味わいを比較してみてほしい。原料に本来の大豆、小麦、塩を使いしっかり発酵させたものは、芳醇《ほうじゅん》で琥珀《こはく》のように透き通って美しい。そして、自然の旨味が素材の良さを引き立ててくれて、料理を味わい豊かにする。

醤油に限らず、砂糖や料理酒、みりん、塩、酢、味噌なども同様である。砂糖にも白糖、粗糖、グラニュー糖、黒糖、高級な和三盆《わさんぼん》などがあり、それぞれ味や甘みが異なる。

料理酒とみりんは、スーパーマーケットなどで売られている安価なもののほとんどが化学調味料を原料としている。みりんの場合は「みりん風調味料」として販売されていて、中身を見ると、水飴、米麹の醸造調味料、ブドウ糖、アミノ酸、砂糖、醸造アルコールなどとなっている。

一方、本みりんはもち米、米麹、焼酎などとなっていて、アルコール分も14パーセント近くある。これも実際に香り、味わい、見た目を比較してみるとよい。本みりんは、甘くまろやかで味わいが深い。材料と工程はほとんど日本酒造りと変わらない。実際、本みりんを食前酒として出している料理屋もある。料理に使ってみると、煮崩れを防ぎ、素材の旨味も逃さず、上品な味わいの料理ができる。翻って、「みりん風」は、そのままではとてもうまいものではない。

みりんのティスティングをすると、「本みりん」を味わった人が決まって言うのが「えっ、こんなに美味しいの」という感想だ。

和とフレンチの一流料理人による豚肉料理の公開講座

2011年、兵庫県加西《かさい》市から、県と市が支援する地元養豚農家の豚肉を売り込みたいと依頼があった。そこで豚肉料理の公開講座を、大阪市玉造《たまつくり》の人気店「居酒屋ながほり」の中村重男さんにお願いした。『ミシュランガイド　関西』で何年も連続して星をとる店で、私も中村さんとは長らく親しくしている。

中村さんの料理には、自身が現地に行って実際に見て気に入った材料や酒だけが使われている。大阪の若手料理家と勉強会を開き、その情報を公開したり、親子料理教室など社会教育の場にも登場するなど、たいへん精力的に活躍されている。ネットワークが広く、料理家仲間からの信頼も厚い。

この時に出された豚肉は、もっともポピュラーな三元豚《さんげんとん》である。三元豚とは、繁殖、肉質、成育などでそれぞれ優れた特性をもつおもにランドレース、ヨークシャー、デュロックの3品種を掛け合わせたもの。逆にいうと、どこでも生産している豚である。

中村さんは、料理家仲間に加西市の豚肉を分配し、普段使っている豚肉との比較などをアンケートして、結果を集計し提出してくれた。それによれば、ほかの地域の三元豚と価格や味を比較すると、味わいは変わらないが、価格はやや高い。また、ウインナーに加工してみると旨味が弱いので、タンパク質改善のためにエサを改良したらよいのではないか、との提言があった。

公開講座には、中村さんに伴われてフレンチシェフのドミニク・コルビさんもやって来た。コルビさんは、フランスの多くのレストランで修行し、26歳のときに「トゥール・ダルジャン」パリ本店副料理長を務めた。「トゥール・ダルジャン」といえば、16世紀創業の言わずと知れた老舗《しにせ》レストランで、この店をして「フランス料理の歴史そのもの」と評される。

その後、来日してホテルニューオータニ大阪（大阪市）のレストラン「サクラ」の料理長をした。

⊙ドミニク・コルビさんによる実作の様子。左は、中村重男さん

2003年からは、東京・銀座のレストラン「ル・シズィエム・サンス・ドゥ・オエノン」のプロデューサー兼料理家として活動。そののち、商品開発やプロモーション事業などで活躍し、2015年3月、東京・神楽坂に「フレンチ割烹ドミニク・コルビ」をオープンさせた。

大阪在住の頃には中村さんの勉強会にも参加し、居酒屋「ながほり」の常連でもあった。

コルビさんの料理は、大きな豚肉ブロックをフライパンで焼いて、さらにオーブンで焼き、スライスして提供された。豚肉を焼くだけのシンプルな料理ながら、肉の旨味を逃さないために、最初からカットはせず、かたまり肉のまま調理するとのことだった。

出された豚肉は、ジューシーで旨味が豊かだ。そのときに使われていたソースが、じつに豚肉と合っている。ソースがなにでできているかを聞き、驚いた。

「味噌とリンゴジャムとみりん。リンゴは、農家に行ったら、形が悪く出荷できないものがたくさん捨てられている。もったいないからジャムにし、それをソースに使っている」

この組み合わせに感心していると、さらに驚かされたことがある。続いて尋ねた「どんなみりんか？」という問いに、間髪を入れずにこう答えが返ってきたのだ。「岐阜県の白扇酒造《はくせんしゅぞう》です」。フランス人の口から、みりんの醸造元がすらすらと出てくるとは思ってもみなかった。

白扇酒造は、国産のもち米、米麹、米焼酎を使って3年醸造のみりんを作っている蔵元だ。ここのみりんは、伊勢丹をはじめ高級百貨店などで販売されている。

フランス料理のシェフたちは、創作性や独創性で評価される。料理にどんな素材を扱い、それをどう組み合わせて独自の味わいを出すかを競い合っている。そのなかで、調味料の選択は大きな意味合いをもっている。この場で、ドミニクさんは、参加したメンバーにこう話した。

「どうして現場に足を運ばないの？　良いものがたくさんあるのに」

それにしても、ドミニクさんが作った料理はどれも最上。つまり、素材の扱い方に加え、調味料とソースなどをうまく工夫すれば、まったく新しい、付加価値の高い料理になるということでもある。

もっとも重要な塩

どこの国の料理でも、ほぼ間違いなく使われ、もっとも重要な調味料といっても過言ではないもの、それが塩である。最近は大きなスーパーマーケットに行くと何種類もの塩が置いてある。岩塩なら「肉料理に向いています」、海の塩なら「魚料理に向いています」などと、使い方を表記している店もある。

以前、東京・恵比寿のガーデンプレイスで、施設内の全レストランが参加する塩をテーマにしたイベントが開かれ、その一環として「塩の味覚」の講座を開いたことがある。そのときにコーディネーターを務めたのが、当時は「バンタンデザイン研究所」で食の講座のプロデュースを手掛けていて、現在は三越伊勢丹研究所に勤務している食品コーディネーターの柴田香織さんである。

柴田さんは、もともとJR東日本で企画担当をしていたが、食への興味を追究しようと退職。イタリアの「スローフード大学」に留学し、初年度修士課程を修了。その後、食のジャーナリスト活動などを経てフード・ナビゲーターとして活躍している。

このイベントでは、ガーデンプレイス内のレストランがすべて協力し、さまざまな塩を使ってスイーツから寿司、和食、イタリアン、フレンチ、中華まで、多様な料理が展開されていた。そして、その料理や、各料理に使われている塩を紹介した16ページオールカラーのテキストまで用意されていた。もちろん、すべて事前にプロのカメラマンが撮影した写真入りだ。発行は3万部、駅張りのポスター400枚という力の入れようだ。

一般にスーパーマーケットで販売されている塩は、イオン交換樹脂膜法と呼ばれる製法で海水から塩の主要成分である塩化ナトリウムを抽出したものだ。塩辛さが強い。一方、天日で乾かしたものや炊いたものは、旨味や甘みもある。これは、海水に含まれるカリウム、カルシウム、マグネシウムなどのバランスによるものだ。

また、海水から抽出した塩は溶けやすく、岩塩は溶けにくいことから、魚料理と肉料理とで使い分ける料理店があるわけだ。

私が担当した講座では、国産大豆で作られた豆腐を、オリーブオイルと4種類の塩で味わってもらった。豆腐は、それだけも大豆の旨味が強いものを選んだ。しかし塩の種類によって、素材の味わいが異なることがわかる。ちょっとした違いで料理の持ち味は変わってしまうのだ。

意外な組み合わせで酢に新たな可能性――「山際食彩工房」(福島県会津若松市)

調味料としては地味な存在である酢も同様だ。さまざまな酢を味わってみると、明らかに違うことがわかる。酢の原料は、コメ、ブドウ、リンゴなどさまざまである。

酸味として多く用いられるのが、柚子、カボス、シークワーサー、ブッシュカン、レモンなどの

⦿モモのピクルスを紹介する山際博美さん

柑橘類。爽やかな香りでやさしい酸味は柑橘類独自のものだ。同じ酸味でも、酢は酢酸が中心、柑橘類はビタミンCが中心で、味わいが異なる。

酢で思い出されるのは、「山際食彩工房」（福島県会津若松市）のシェフ、山際博美さんが出してくれた意外な組み合わせの一品だ。それは、リンゴ酢に漬けた、モモピクルス。地元の醸造元がリンゴで醸造した酢に、モモを入れて真空パックにしたもので、モモの色落ちがせず、ピンクの色合いが美しい。

リンゴ酢はゆっくり醸造したもので、酸味が柔らかく香りもやさしい。ピクルスは、モモの味と酸味がうまく調和していて、さっぱりした甘さでデザートにもピッタリ。しかも、長期保存が可能だ。

最近は、フランスからもたらされたブドウ酢のワインビネガーや、イタリア産の高級ブドウからできるバルサミコ酢を用いる料理店も増えた。酢もさまざまで、それによって料理の成り立ちがまったく異なる。良い素材と調味料があれば、それだけでも優れた料理展開ができる。

地域の直売所や農家レストラン、食の観光などで食のまちづくりをするときには、ぜひ調味料をしっかりと選択してもらいたい。よい調味料を使うことで、材料である米や大豆、小麦、柑橘類などの可能性はさらに高まり、地域に技術とブランドを形成するカギとなる。そこだけのうまいものを作る必須条件なのだ。

第11章　食の振興を環境と健康から提案

ワークショップを開く意義

前章までにも書いてきたが、私は各地で食のブランド化にあたって、味覚のワークショップを勧め、また自ら赴いて各地で開いてきた。

一般社団法人福島市観光コンペティション協会内に「ふくしま発酵文化研究会」が生まれ、発酵食品にスポットを当てた地域づくりを進めている。この協会から、福島の特産であるモモを使い、発酵にからめて、食の商品化を振興してもらえないかと依頼があった。

開催は10月。モモの旬は8月なので、大幅にずれている。聞けば、8月は繁忙期で農家が出荷に忙しくて、参加できないという。

そこで8月に大量にモモを送ってもらい、長男で料理家の金丸知弘《ともひろ》にコンフィチュール（砂糖漬け）とピューレ（裏ごし）にして瓶詰めしてもらい、一部を真空処理で保存がきくように加工業者に依頼をした。

それをベースにモモを使ったメニューの開発を料理家の馬場香織さんに依頼した。彼女に頼むことが多いのは、主婦としての経験に基づいて、だれでもできる料理を、地域の人と一緒にしてくれるからだ。

商品化をしたいからと、有名なパティシエやシェフを呼んだりすることがあるが、料理の基礎がしっかりできているプロの集まりの講習会だと、それもいいだろう。しかし、私たちが頼まれるケースは行政が窓口となり、地元の農家や主婦の方々に呼びかけて料理を一緒に作る。私がそうした形式にこだわるのには、理由がある。

①地域の参加者が、実際に行なって、体験してもらうこと。そのプロセスに触れることで新たな料理を学ぶこと。

②味わいや香りや旨味を知ることで、どんな商品になるかを実感してもらうこと。

③素材から料理までを知り、地域にノウハウを共有化するためである。

特産のモモで料理を……といって、例えばタルト、コンポート、ピューレ、パイを作れば良いなどと提案しても、実際にそれがどんな形のものか、どんな味わいになるのかは、作って食べないとよくわからないだろう。

そして、日頃からワークショップの主催者にお願いをしていることが2つある。

一つめは、これらのワークショップを、一回限りのイベントにせずに継続してもらうことだ。当初から、複数回の時間と予算を作ってもらう。きちんと料理ができるか、くり返してみないと、同じようにできるとは限らない。

2つめは、ワークショップで好評な商品は、試験的に販売してみることだ。よく特産品の商品化として、いきなり大々的に売り出すものもあるが、必ずしもうまくいかない。むしろ売れているほうが少数だろう。それよりも、小さなカフェや料理店、地域のケーキ屋や、直売所、農家レストランなどで、試験販売をしてみるほうが効果をみやすい。好評であれば本格的に商品化していくというプロセスをたどったほうが良い。

モモ×「発酵」で30品目のバリエーション

福島でのワークショップは、2日間で日程を組んだ。前日が仕込み、翌日が参加者を交えての試食会である。さて、準備万端で福島に出かけたはずだったが、ハプニングが待っていた。

料理参加予定者は10名から4名になったという。また、調理に使う調味料や食材がそろっていない。ケーキの器がない。極めつけは、真空処理保存のモモが、処理が悪かったようで、すべて傷んでいる。

じつは、現場に行ってみると、調味料がない、道具がないということは少なくない。今回は、使うはずのモモまでもないとあって、万事休すと顔が真っ青になっていく思いだった。

⦿馬場香織さん（左から２人目）による福島でのワークショップ

しかし、真空処理を頼んだ業者に冷凍のモモの予備があった。参加予定の農家にも冷凍保存されたモモや調理器具があって、なんとか調理を進行できた。

馬場香織さんにも助けられた。機転を利かせて、できることから順序立ててきぱきと指示を出し、どうしてもそろわないものは、その場でメニューを変更していたりもする。それも経験の豊富さだ。

最初は緊張気味だった調理場も、少しずつ料理が形になり、馬場さんが試食を勧めると、食べた参加者たちの緊張の顔が笑みに変わった。

桃とモッツァレラのサラダ、ハモン・セラーノ（生ハムの一種）と桃の前菜、くるみあえ、酒粕あえ、冷製スープ、水キムチ、春巻き、プルゴキ、カレー、鶏のから揚げ、ピザ、ピーチブレッド、オープンサンド、つけだれ、ピューレ、コンフィチュール、ショートケーキ、桃白玉、タルト、タルティーヌ、ういろう、タルトタタン、ムース、パウンドケーキ、桃とバナナのフラン、スムージー、シャーベット、アイス、カクテル、サングリア。できた料理は30品目にもなった。

スムージーやシャーベット、ムースのケーキなど、すぐにでも商品になりそうなものばかりだ。とくに私が気に入ったのは、「桃とバナナのフラン」。生地をつくり、そこにモモとバナナを並べてオーブンで焼いたものだ。白玉にモモを練りこんだ「桃白玉」もおしゃれだった。

意外や参加した女性に大人気だったのが、鶏のから揚げ。モモのピューレと塩麹、小麦粉などに鶏肉を絡めて揚げたもの。鶏肉の旨味がしっかり出て味わい豊かな一品だ。

さすがだなぁ、と思ったのは、料理レシピには、醤油、ナンプラー、みりん、料理酒、酒粕、酢、塩麹、味噌、チーズ、ヨーグルト、生ハムなど、発酵食品がしっかり使われていて、多彩な味わいを出す工夫がされていた。ワークショップを主催する福島市観光コンペティション協会の趣旨を、きちんと考えたメニューになっていたのである。

「発酵」に健康増進効果を期待する町のすべきこと

そもそも福島市観光コンペティション協会が「発酵文化研究会」を設立し、「発酵」を軸に置いて地域振興をすることになったのには、大きく2つの理由がある。

一つめは、福島市に味噌、醤油などの発酵食品が多くあったこと。

二つめは、味噌に免疫力があるといわれ、とくに２０１１年の原発災害以降、「放射能から体を守り、そして健康の増進につながる効果がある」という広島大学名誉教授の渡邊敦光《わたなべひろみつ》さんの研究が注目されたこと。そこで、「発酵による健康・長寿のまちふくしまを目指す」ことになったという。

そこで、次のような提言を行ない、今後の活動に活かしてもらうようにお願いをした。

①福島市の保健課、栄養士と連携をして、健康調査と健康にいいバランスのいい食事を提案してもらうこと。

②発酵食品の、味噌、みりん、醤油、料理酒、酢などは、本醸造で、素材が明確で、昔ながらの製法で作られたものを使うこと。また、そのために醸造元、メーカー、飲食店、小売店などと連携をはかること。

③素材となるリンゴ、モモ、ブドウなどの品種、栽培法、味などを県の試験センターや大学と連携してテキスト化すること。それによって地域の食材の特徴を明確化すること。

④農産物の防虫に使われているネオニコチノド系などの浸透性農薬の使用を廃止する方向を検討してもらうこと。

⑤リユース（再利用）、ＬＥＤ、温水器、バイオマスなど、小さくてもいいから再生可能エネルギーを連携させ、環境に配慮した取り組みも行なうこと。これらは、環境省、農林水産省、中小企業庁などがさまざまな補助金を出している。

⑥今回のような食のワークショップを継続して行なうこと。これに、学校の栄養士、保健課、地元商店、旅館、農家に参加してもらい、レシピを共有化すれば、さまざまな料理提案ができる。
⑦食、場所、料理、環境の取り組みの流れをストーリーにして、実際に人に呼びかけ、一度、ツアーを実施、実証を行なうこと。

これらの活動に、協力は惜しまないという意向を併せて伝えた。

福島県民・福島市民の健康状態をデータでみる

この提案には私の事前調査による裏付けがある。

まず発酵の中心に取り上げられた味噌だが、消費量が減っている（表4参照）。41年間で、1世帯あたりの購入数量は半分以下になっている。世帯人数も減っている。ということは、味噌だけで売っても消費量は伸びない。メニューや、さまざまな食べ方の提案が必要だろう。

味噌が健康につながるとはいうが、厚生労働省の2013年の平均長寿ランキング調査をみると、福島県は47都道府県で男性44位、女性38位で下位のほうにある。日本一長生きの県は男女ともに長野県で、男性80・88歳、女性87・18歳。

平成22年に長野県が挙げた長寿の要因は4つある。

①高齢者の就業率が高く、生きがいをもって生活をしている。

表4　味噌の購買金額・数量の変化　（資料　総務省「家計調査」）

	1970年（昭和45年）	2011年（平成23年）
支出金額（1世帯当たり）	2135円	2446円
購入数量（1世帯当たり）	1万5762グラム	6204グラム
単価（キログラム当たり）	135円	394円
世帯人員	3.98人	3.08人
購入量（1人当たり）	3960グラム	2014グラム

……高齢者就業率は26・7パーセント。全国1位（全国平均20・4パーセント）

②野菜摂取量が多い

……一人当たりの野菜摂取量は、男性で1日379グラム、女性で1日353グラム。いずれも全国1位（全国平均は男性が301グラム、女性が285グラム）

③健康ボランティアによる自主的な健康づくりの取り組みが活発

……食生活改善推進員一人当たりの年間活動回数は、22・2回。全国10位（全国平均17・2回、・平成23年度）。保健補導員を設置するのは、県内全77市町村のうち76。全国では県下ほぼ全域で活動している例はない（平成24年7月1日現在）。

④専門職による地域の保健医療活動が活発

……保健師数は、人口10万人当たり71・9人。全国2位（全国平均35・2人）。

つまり、長寿の要因は、生きがいがあること、病気の予防体制があること、食生活を充実させてバランスをとること、ということができる。

平成26年度第2号（8月発行）福島県健康増進課・福島県県中保健福祉事務所のニュースを見ると、県民の食塩摂取量と野菜摂取量が記されていた。データ元は、平成26年3月に厚生労働省が発表した「平成24年度国民健康・栄養調査報告」である。

福島県民の食塩摂取量は、男性で平均12・1グラム（全国39位）、女性で平均9・9グラム（全国13位）。2015年の厚生労働省の基準では、1日当たりのナトリウム（食塩相当量）について、高血圧予防の観点から、18歳以上の男性は8・0グラム未満、18歳以上の女性は7・0グラム未満と目標値が設定されている。

野菜摂取量は、男性で平均318グラム（全国11位）、女性で平均269グラム（全国33位）。1日の野菜摂取目標量といわれる350グラムからみると、とくに女性で大幅に少ない。

なお平成25年の厚生労働省の国民健康・栄養調査では、成人の1日当たりの野菜類平均摂取量は、283・1グラム。特に20歳代では233グラム、30歳代では249グラム、40歳代では245グラムである。この数値は10年前の調査から見ると、20歳代では16グラム減、30歳代では7グラム減、40歳代では31グラム減となっている。平成25年調査では平均を上回る50歳代も26グラム、60歳代は19グラムと全体的に減少傾向にあることがわかる。

厚生労働省のホームページには、野菜について次のようなことが書かれている。

・野菜は、ビタミンやミネラル・食物繊維を多く含んでいる。

・野菜を多く食べることは脳卒中や心臓病、ある種のがんにかかる確率を低下させるという結果が出ている。
・ミネラルは、生体機能の維持・調整に不可欠。特に野菜に多く含まれるカリウムは、余分なナトリウム（食塩）を体外に排泄《はいせつ》するのを手助けし高血圧の予防にもなる。
・野菜、特に色の濃い野菜（カボチャ・水菜など）にはカルシウムも多く含まれている
・野菜に含まれるビタミンは、ごはんなどに含まれる炭水化物が体内でエネルギーに変わる手助けをする。
・摂取した栄養素が体内で利用されるためには、ビタミン類（特にB群）をきちんと摂ることが必要。
・食事は野菜だけでなく、ごはんや肉・魚などさまざまな食品を組み合わせ、必要な栄養素をまんべんなく摂ることが必要。

また、福島市は食育に熱心に取り組んでいて、市民の健康調査をしっかり行なっている。「平成23年度　福島市民の健康と生活習慣調査の結果」を見ていると、やはり興味深い状況が浮かび上がる。とくに、数ある項目のなかから「生活習慣病」にかかわるものを拾いあげてみた（表5参照）。

こうした取り組みは非常に重要だ。自治体が、これほど市民の健康や運動に熱心であるのだからこそ、保健課と食と観光とを連動させてほしいと思うのだ。

●健康

◎健康維持のために心がけていることがある……72.0%

【年代】18・19歳＝61.8%、20〜39歳＝60.3%、40〜64歳＝72.8%、65〜84歳＝80.3%

◎健康維持のために具体的に心がけていること

・栄養（食事）＝65.0%、休養・睡眠＝60.3%、運動＝53.3%

◎普段運動をしているか

・ほとんどしていない＝42.4%、週2〜4回＝20.5%、ほとんど毎日＝16.8%、週1回程度＝16.0%
・18〜64歳は「ほとんどしていない」がもっとも高い（18〜19歳＝39.2%、20〜39歳＝60.2%、40〜64歳＝47.0%）
・65〜84歳は「週に2〜4回している」がもっとも高い（28.2%）
・男性＝39.4%、女性＝44.9%が「ほとんどしていない」
・男女とも、この回答への比率がもっとも高い。

◎喫煙習慣

・たばこを吸わない＝64.5%、吸っている＝18.3%、以前は吸っていたが今はやめた＝15.3%

◎3・11以降の栄養・食生活の変化

・変わらない＝66.4%、多少悪くなった＝17.8%
・「かなり良くった」と「多少良くなった」をあわせる＝8.9%、「多少悪くなった」、「かなり悪くなった」をあわせると＝22.4%

◎悪くなったと答えた人のうち、悪くなった内容（複数回答）

・栄養バランス＝55.3%、その他＝33.4%、食欲・食事量の減退＝17.1%

表５　福島市民の健康状況
（平成 23 年度　福島市民の健康と生活習慣調査をもとに作成）

●体格
◎やせている
【性別】男性＝4.9%　女性＝11.0%（20～29歳女性＝15.6%）

◎肥満
【性別】男性＝26.8%　女性＝17.7%

●生活習慣病の罹患歴
◎脳卒中……2.9%
【年代】20～39歳＝0.8%、40～64歳＝1.7%、65～84歳＝6.0%

◎高血圧症……24.5%
【年代】20～39歳＝2.7%、40～64歳＝21.6%、65～84歳＝46.4%
【性別】男性＝26.86%、女性＝22.7%

◎狭心症・心筋梗塞……5.15%
【年代】20～39歳＝0.7%、40～64歳＝2.8%、65～84歳＝11.8%

◎糖尿病……7.57%
【年代】20～39歳＝1.8%、40～64歳＝6.3%、65～84歳＝13.9%
【性別】男＝9.89%、女性＝5.65%

◎高脂血症……13.3%
【年代】20～39歳＝2.7%、40～64歳＝14.54%、65～84歳＝20.4%
【性別】男＝13.4%、女性＝13.3%

◎骨粗しょう症……4.9%
【年代】20～39歳＝0.7%、40～64歳＝2.0%、65～84歳＝11.9%
【性別】男＝1.2%、女性＝7.9%

◎がん……6.36%
【年代】20～39歳＝1.0%、40～64歳＝4.4%、65～84歳＝12.8%
【性別】男＝7.27%、女性＝5.55%

◎歯周病……21.2%
【年代】20～39歳＝10.3%、40～64歳＝23.8%、65～84歳＝26.9%
【性別】男＝21.6%、女性＝20.8%

果物王国福島に期待すること

私は、福島への提案に果物のテキスト化を盛り込んだ。果物も、野菜と同様に若い世代で摂取量が減っている。果物は、ビタミン、ミネラル、食物繊維、糖類の摂取源として、次の効用が挙げられる。

●果物に含まれるビタミンの主な効果

ビタミンC……主に美肌効果（シミ、シワ予防）、がん予防、抗ストレス

ビタミンA……主に目の働きを保つ、粘膜や皮膚の健康を保つ

●果物に含まれるミネラルの主な効果

カリウム……主に高血圧予防（ナトリウム（塩分）の排泄作用）

●果物に含まれる食物繊維の主な効果

便秘予防、発がん性物質などの体外排泄、生活習慣病の予防

●果物に含まれる糖類の主な効果

ブドウ糖、果糖……疲労回復効果、脳の活性化

近年厚生労働省が取り組む国民健康づくり運動「健康日本21」や2005年に厚生労働省と農林水産省が発行した「食事バランスガイド」では、果実の摂取目標を1日200グラムとされている。

しかし、実情は大きく乖離《かいり》している。平成25年の厚生労働省の国民健康・栄養調査によると、成人

表6　果物の摂取量（平成25年度厚生労働省の国民健康・栄養調査より）

	1～6歳	7～14歳	15～19歳	20～29歳
全体	92.5	89.4	86.3	68.1
男性	94.8	87.0	83.8	63.1
女性	89.8	91.9	89.1	73.0

	30～39歳	40～49歳	50～59歳	60～69歳
全体	60.4	60.5	96.4	152.6
男性	48.2	51.8	76.2	134.2
女性	71.1	67.9	114.7	167.8

	70歳以上	総数	(再掲)20歳以上	(再掲)75歳以上
全体	169.8	111.9	116.5	167.7
男性	173.0	102.9	106.3	173.9
女性	167.3	119.9	125.3	162.7

単位＝グラム

の果物類（青果・ジャム・果汁および果汁飲料）の平均摂取量は、116・5グラム（男性＝106・3グラム、女性＝125・3グラム、表6参照）。年代別で摂取量が少ないのは男女とも20～40歳代で、いずれも2桁台である。

福島だからこそ環境と再生可能エネルギーの発信を

福島県はタレントを使って、盛んに農作物の安心・安全をPRしている。

しかし、いまだに農作物の風評被害がある。福島原子力発電所の現場のニュースは、毎週のように流れる。廃炉には40年を要するといわれている。まだ住んでいた土地に戻れない人がたくさんいるし、原発の処理も、放射の被害も収束したわけでもない。いまだ廃炉の作業は続いている。

消費者庁は「風評被害に関する消費者意識の実

態調査」として、被災地域と都市圏の消費者5000余人にアンケートを行なっている。実施は、2013〜2015年までに計5回、インターネットで調査している。

この調査からみえてくるのは、買い物時に「産地を気にする」と回答した66・9パーセントのうち、20パーセント以上が「放射性物質の含まれていない食品を買いたいから」を明言する。またそのうち、17・4パーセントが福島県産の購入をためらうと回答している。これは、「放射性物質の含まれていない食品を買いたいから」と回答する人のうちの76・1パーセントに当たる。

また、食品の放射性物質の検査が行なわれていることを「知らない」と回答している人が、25パーセント前後いる。

福島県産であっても農作物には放射性物質が含まれていないことをアピールするためには、食の背景が明確となるトレーサビリティが求められている。これらをベースに、福島市観光コンペティション協会への提案を作ったのだ。

会津地方の観光・農業に及ぼした原発事故の影響

2011年9月、福島県会津《あいづ》地方に2度にわたって出かけたツアーのことも提案の基になっている。はじまりは、南会津町からだった。

福島は、何度も行っているが、行くたびにいい環境がずいぶんとあるなあとつくづく思う。景観も

⦿美しい茅葺屋根の町並みが残る「前沢集落」

素晴らしいところが多いし、緑も豊か。農産物も多彩なものがある。

南会津町は伝統的建造物を、そのまま美術館にあてた奥会津博物館があり、地域景観と一体化させるという、ほかではできない取り組みもされている。また茅葺《かやぶき》の集落を重要伝統的建造物群保存地区「前沢集落」（南会津町舘岩《たていわ》地域）として、観光資源として活用しようという、町並み保存と新しい経済の創出の活動も始まっている。会津地方一帯とその周辺には酒蔵が多くあり、いい日本酒がたくさんある。これは環境が良く水と米に恵まれているからだ。

しかし、今回の震災と原発で甚大な被害を受けた。

会津は、原発から100キロ離れており、放射能の検査結果では安全だとされているけれど、それでも観光客が激減した。南会津は農家

１００戸が連携して宿泊と農業体験を組み込んで、修学旅行の受け入れを行なうという、農村活性化の新しい事業を２００８年より始め、やっと軌道に乗り始めた矢先のことだった。今回の原発事故で、修学旅行はすべてキャンセルになったという。

南会津町で、この状況をみたすぐあとに福島県・会津17市町村が主催する「会津復興モニターツアー」に参加した。これは、「会津復興キャンペーン」（「極上の会津プロジェクト協議会」・ＮＰＯ法人「素材広場」主催）の一環で開催された。ＮＰＯ法人素材広場代表理事の横田純子さんによれば「とにかく現地を見て伝えてほしい」とのことだった。

彼女は、福島の農産物を長野の直売所や東京のイベントなどとつなぎ、地元の支援を行なってきた。しかし、安全を訴えても、拒否を受けたり、理解が求められなかったりと、厳しい場面にも何度も遭遇し、とても悔しい思いをしたという。

９月17～18日に行なわれたツアーは、土曜日に東京駅八重洲口からバスで出発した。

訪ねたのは、喜多方市の酪農家の小池徳男《とくお》さん、佐代子さん夫妻の小池牧場、ミルク販売をしている会津中央乳業の二瓶孝也《にへいたかや》社長、伝統工芸で会津漆器の木地《きじ》（素地《そじ》）をつくる丸祐《まるゆう》製作所の荒井勝祐《かつひろ》さん、モモ農家の簗田麻子《やなだあさこ》さんの自宅。米農家の佐藤貴光さんの田んぼなどである。

酪農家の小池さんのところでは、原発事故の影響で一時出荷停止となり、毎日、牛の乳をしぼり廃棄してきたという。その額は、１日10万円相当。牛は生きているから出てくる乳を途中で止めるわけにはいかないからである。現在は、安全性が確認されて出荷を再開しているものの、酪農家で復帰したのは8割だ。

そのあと訪ねた会津中央乳業は、酪農家のミルクを集めて牛乳として販売している会社だ。牛乳の会社はかつてこの地域に15社あったそうだが、スーパーマーケットやコンビニエンスストアなどで大手メーカーの牛乳が普及していくなかで少しずつ減っていき、今も営業を続けているのはこの会社のみである。

原発で原乳が出荷停止となったために、一時は地元のものを入れることができなかった。病院や老人ホームなどでは日常的にミルクがほしいという要望が多かったため、岩手から原乳を運び、対処したそうだ。原乳の出荷停止は解禁されたので、現在は地元のものが使えるようにはなった。しかし、東京のスーパーマーケットへの取引は、原発事故後にすべて停止となり、現在も戻らないという。

会津の旅でわかったことは、原発や震災の事故で直接被害を受けなかったところも、生活上の負担を相当受けているという事実である。観光客も7割減ったとのことである。

一見、なにも変わっていないのに、目に見えない放射線によって、生活を揺るがす被害となっていること。これはなんとしても、政府と東京電力は保障をすべきだろうし、責任をとるべきである。

大切な地域のコミュニティ

このツアーでは、コミュニティの強さが、地域を支えているということが印象的だった。会津中央乳業では、東京のスーパーマーケットへの取引停止でマイナスになっている分を、地域の老人ホームや病院などが今も支えている。

モモ農家の簗田さんは、年中を通して果物、野菜、米を作っている。代々続く田畑の土にこだわりたい、と有機栽培を実践する。そして、市場集荷に頼っていない。売り上げの中心は、個人贈答と地域のいくつかの直売所での販売だという。

震災前年の暮れに大雪でビニルハウスが3棟倒壊。雪解けの頃、ハウス内で越冬した野菜が出荷を控え、いよいよハウスの片付けをしようと思っていた矢先の2011年3月11日。農作物の出荷停止により、収入ゼロの状態が続いた。秋収穫の野菜の作付けも遅れることとなり、風評被害も広がっていった。近隣農家の女性たちと、スーパーマーケットの一角に専用のコーナーを設けたり、イベントを催すなどして野菜販売を再開し、「作っても売れないかもしれない」という不安を乗り越えていったともいう。

また米農家の佐藤貴光さんは、米をもみ殻保存して品質を保ち、鮮度の高いまま個人宅配でも出荷してきた。もともと栽培環境が良かったこともあり、上質の米として人気が高かった。個人宅配の売り上げは落ちていない。農家と購入者が密に情報のやり取りがされてきたことから、応援も含めて購入が継続されているのだろう。

伝統工芸で会津漆器の木地（素地）をつくる丸祐製作所は、対照的だった。震災後はインターネットでつながりが生まれた県外の業者からの注文が増えて、もともとあった地元業者の取引を上回っ

⊙米農家の佐藤貴光さん

た。新しい県外の業者は従来の会津塗りのように漆工芸ではなく、木の生地を活かしたナチュラルなもので販売をしているとのこと。消費者の購入傾向の変化のあらわれだろう。

2011年に会津で提案したこと

会津でもアドバイスを求められて、いくつかの提言をさせていただいた。

①再生可能エネルギーによるエコ宣言

南会津に行ったら、再生可能エネルギーを使ったハウスがあった。町が事業費5000万円をかけてNPOによる運営の環境共生型モデル実証コミュニティ施設「うつくしまロハスセンター」や、エコヴィレッジ「あらかい健康キャンプ村」(南会津町田島地域)である。お湯はウッドボイラーを使用、燃料は間伐材によるチップである。太陽電池も使われていた。せっかく施設があるのだから、まず福島県会津から、自然エネルギー宣言をするべきだ。

今回のようなツアーの食事でもリユースの食器を使うことなど、身近なところからエコはできる。原発で被害を受けた福島ならではのアピール力がある。そのほうが説得力がある。

②地元コミュニティの強化と商品の集積

地域社会のつながりが強い。地元の取引、個人宅配、直売所などは売り上げが下がっていない。であれば、地元の商品を集積する場を設けて、地域の農産物などがそろう場を整えるとよい。

農産物、肉類、ミルク、野菜、果実、ドレッシング、加工品など、地元の商品の徹底的集積で、地域が見える売り場を形成することである。南会津にできたばかりのＪＡが運営する直売所を訪れたが、日常に使う商品がそろっていない。半分以上は、既成の大量生産の仕入れ商品が並び、地元のものが置いてない。身近な販売施設の充実を真っ先に取り組むべきだろう。

③チャンネルの変換

伝統工芸といわれるもの、伊万里、有田焼、輪島塗などは、バブルをピークに、どこも売り上げは３分の１以下になっている。かつてはホテルもどんどん生まれ、経済もうなぎのぼりだったから、高級な漆器や焼き物も売れた。しかし今後は、かつてのような売れ方はしないだろうし、元に戻すこともできないだろう。

会津塗りがインターネットの発信で、これまでと違った需要から新たな商品も生み出している。今後は、さらに新たな取引先の開拓をする余地がある。例えば、日本食ブームを背景に、ヨーロッパでは日本酒の人気が高まっている。柚子や、伝統的なみりんなど日本の香辛料や調味料も人気。グローバルなチャンネルも含めて、違う組み合わせをつくり出していくことが必要だろう。

④テレビ、映画のロケ誘致

伝統的建造物、自然景観、農家の宿泊施設、古い宿など豊かなロケーションがたくさんある。ほかの地域では考えられないほどの豊かさだ。

私たちが泊まった和泉屋旅館（南会津町田島地域）は、終戦後に建てられたもので、いまだに薪風呂《まきぶろ》で、当時のままに現存し、使われている。これらはロケならば、地域にあるものがすべて即使える。

修学旅行のために受け入れをしてきた農家の宿は、ロケのスタッフの宿泊施設として活かせる。

現時点では修学旅行の再開は時間がかかるだろう。でもロケであれば、まったく問題がない。むしろ積極的に取り組むべきだろう。

映画人、テレビ人が、美しい豊かな会津一帯を観て発信してもらえれば、アピール度が高い。聞けば、会津では、これまで積極的なロケ誘致はしてきていないとのことだった。

表７　会津若松市を訪れる観光客

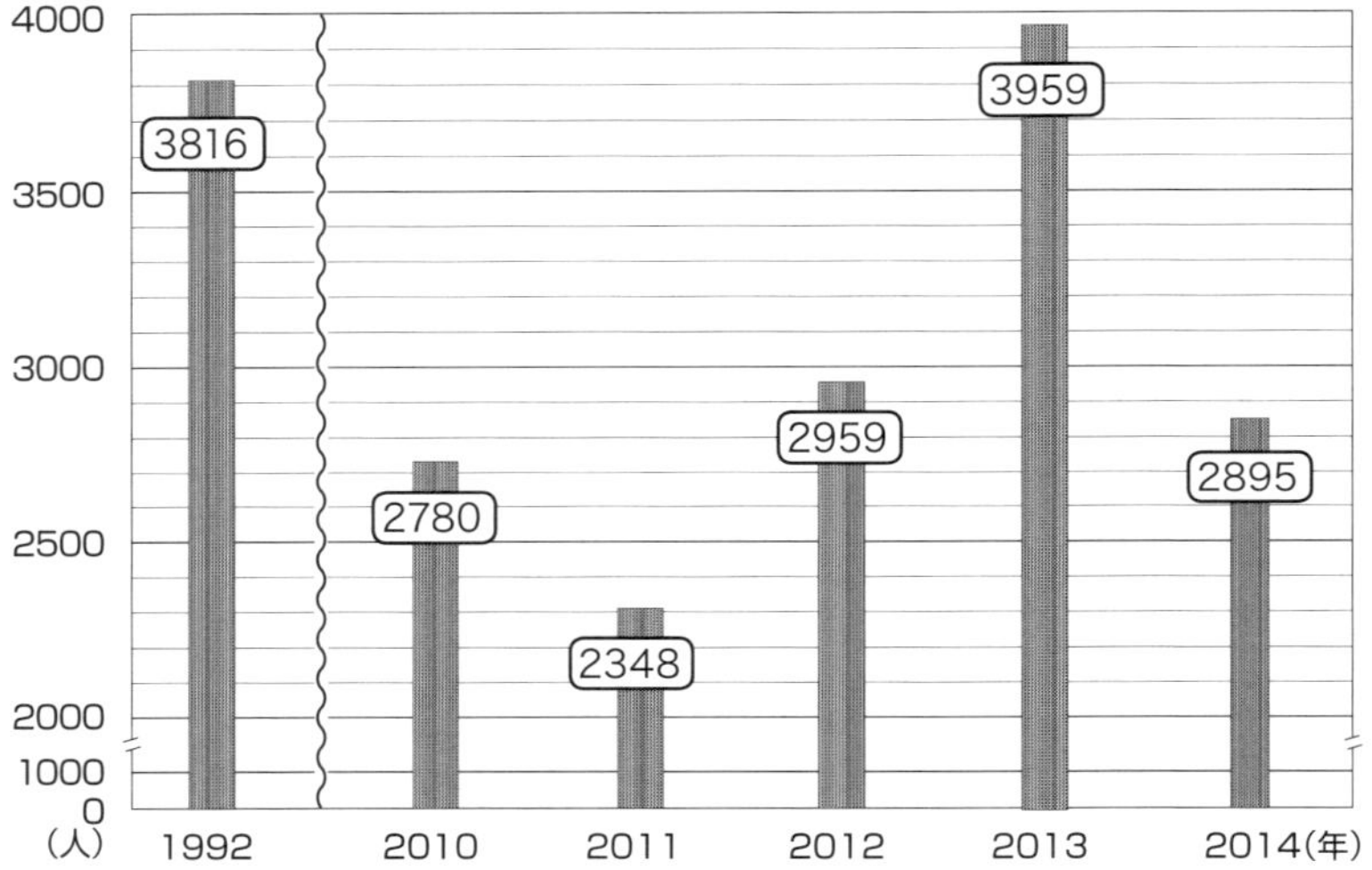

観光客の減少は原発のせいだけではない

ちなみに、会津若松市の観光統計を見ると、観光客は、激減している（表７参照）。２０１４年に会津若松市を訪れた観光客の総数は２８９５人。前年よりも１０６４人もの大幅減少だ（対前年比73・１パーセント）。

しかし、表7をもう一度よく見てほしい。観光客減は、なにも事故のせいではない。

１９９２年３８１６人だったのが、２０１０年には２７８０人と72・８５％も減っている。付言すれば、事故後の２０１３年には20年前以上の集客をしている。

会津若松市のホームページには次のようにある。

「平成25年（２０１３年）は大河ドラマ『八

重の桜』（ＮＨＫ）放送の効果により観光客が多かった年であり、放送終了による反動があったものと認識しております。

宿泊者数は平成25年との比較で87・４％であったものの、主要観光施設への入込みが63・２％と大幅に減少しております。

平成24年も下回る入込み数となりましたが、鶴ヶ城（会津若松城）天守閣の改修を行った平成22年や、平成10年から平成15年までとの比較では上回っております。

観光客入込数は東日本大震災による影響からの復興に向け、徐々に回復傾向にはあるものの、いまだ厳しい状況にあることから、観光復興に向けて、今後も継続的かつ効果的な観光施策に取り組んでまいります」

単純に統計してみるだけで、原発事故前から観光客が減っていたことがわかる。つまり観光客のニーズが変化している。これは多くのかつての観光地でも同様。現在は、個人客、仲間同志、ファミリーが中心。インターネットで個人でという客が中心で、旅行代理店を使う、団体客でというのは激減している。求められているのは、食や景観、長期滞在、憩いだ。

そして、素材広場の横田さんを含め、地域の連携で新しい観光事業の展開が今まさに実施されている。

第12章　21世紀の長寿県で実践される村丸ごとコンパクトシティ

耕作放棄地のない村――長野県川上村

空き家も空き農地もない。農業後継者も若い人がいる。長寿で知られ、かつ医療費用も少ない。理想的な地方自治のモデルとして注目されているのが長野県川上村だ。

川上村は山間地で栽培する高原レタスの主要産地として、また農業者の所得が高いことでよく知られ、テレビ、新聞をはじめとするメディアに頻繁に取り上げられる。農家570戸の売り上げは平均2000万～3000万円。1戸当たりの耕地面積は2・72ヘクタールというから、注目されるのは無理もない。

農林水産省の「農林水産基本データ集」（2014年）によれば、農業経営体の全国平均は2・45ヘクタール。1経営体当たり総所得は476万円。うち農業所得135万円となっている。いかに川上村が突出しているかがわかる。

川上村は、東京からJRを使うと中央線で小淵沢《こぶちざわ》を経由して、小海線《こうみせん》の信濃川上駅で下車。およそ3時間で着く。山梨、埼玉、群馬の3県に隣接する山間地の村。役場の標高1185メートル、人口4488人、1250戸（2014年）。森林率は89パーセントで、村の産業の中心は農業だ。レタスのほかに白菜、ブロッコリー、ニンニク、イチゴなど40種類の野菜・果物を栽培している。

農業が盛んで事業として大きく育ったことから、耕作放棄地も空き家もまったくない。すべて使われているというから驚きだ。後継者の平均年齢は29歳。農家に嫁いでくるのは、6割が東京をはじめ県外の、しかも高学歴の女性が多い。

レタスの出荷量は6万2604トン。市場の7割近くを占める優良産地だ。アメリカの大学との品種改良の研究連携もしている。山村ながら国際交流も積極的に行なっている。アメリカ・カリフォルニア州のワトソンビル市と姉妹都市提携しており、子どもたちの交換留学も盛んだ。海外から来る人たちの通訳は、農家の奥さんたちがしている。

また村が2年に一度の海外研修の支援事業を行なっており、男性と女性が順番に、主に欧州の農村などへの視察に訪れている。そのための補助金として、村は1人8万円を出し、1回のツアーは10人ほど。すでに20年になり、参加者は、3世代にまたがっている。

「海外研修は、農村を見てもらうものです。ドイツ、ベルギー、フランス、オランダなどに行ってもらっている」と藤原忠彦村長。海外も含めた広い視野を子どもたちから親たちまでが共有し、グローバルな視点で、農業と地域振興が行なわれていることがわかる。

⦿川上村の女性たちの海外での交流研修の様子

地域内での就業率は93・7パーセント、自宅就業率は72・8パーセント、女性就業率は63・3パーセント。高齢化率は29・6パーセントだが、高齢者の就業率は、50・3パーセントという。農業は家族経営なので、主婦も高齢者も働く場があることが大きい。特に高齢者に働く場があるということは、生きがいにもつながる。

総合的な政策で暮らしやすい環境を整備

川上村の近況を聞いたのは、2014年、建築家の仙田満《せんだみつる》さんが主催する「まちづくりNEXT」の勉強会にゲストとして藤原村長が参加したときだった。村立川上中学校の設計に携わった原田鎮郎《しずお》さんに、藤原村長を紹介してもらった。

じつはずいぶん前に、川上村のレタス栽培農家を訪ねたことがある。ところが、藤原村長に改めて話を伺うと、状況はさらに進んでいた。農業政策と併せて、公共交通、海外交流、医療、福祉、文化施設の充実というように、村全体の総合的な政策を推し進め、暮らしやすい環境を整備しているということだった。

農業で安定した収入を生み出したのはよかったが、農家は売り上げに走り、お互いが競争し合った。稼いだお金をギャンブルに使う男性も出てくるなど、村の雰囲気が変わってしまった時期もあったとのこと。また生産過剰にもなった。

そこで村は、文化面や福祉面を充実させることにしたという。

「村以外から来るお嫁さんが増えた。東京からの高学歴の女性もいる。前に住んでいた環境では、文化に接する機会も多かったから、村に住んでもらうには、同じような機会がないと快適に過ごせないだろう。そこで文化面の充実を図ることにしたのです。図書館の24時間貸し出し制度を整えたほか、映画の上映会やコンサートなども頻繁に行なえるようにしました」と藤原村長。

さらに医療や保健などの充実にも取り組んだ。その結果、若い人が定着し、かつ、県外からも結婚相手の女性がやって来る村になった。

ケーブルテレビで市況把握

川上村では、1934（昭和9）年に白菜の適地ということがわかり、出荷用の栽培が始まった。

1950年、朝鮮戦争のときに朝鮮半島に出兵するアメリカ軍に向けた野菜供給が始まり、それまでなじみのなかったレタス栽培に取り組むようになったのだという。その後、国内でも広くレタスが食べられるようになったこと、経済成長と人口増で需要が拡大したことなどから、レタスの一大産地となった。

産地形成に大きな力を発揮したものに、1988年に開局した村営のケーブルテレビがある。かつて東京の市場の野菜の価格を知りたくても、農業新聞が1日遅れで届くだけ。周囲が山に囲まれているためにテレビの電波が弱く、県内の放送でも視聴できない状況があったという。そこで、中央市場の市況を即日把握できるように村がケーブルテレビを導入、各家庭にケーブルが敷かれた。

村役場の奥に小さなスタジオがあった。スタッフは3人。役場職員である。農産物の市況を全農から提供してもらい、それを長野の企業がグラフ化。その日のうちに、全国の市況を各家庭に無料提供するようにした。これによって、村でまとまって生産の調整ができるようになった。

さらに、村内9カ所に気象ロボットを設置し、そのデータを東京にある専門会社に送って地図上に表示してもらい、ケーブルテレビで毎日流している。村内の地区ごとの気象状況が一目でわかるようになった。

ケーブルテレビは村内のコミュニケーションツールとしても、大きな役割を担っている。月・水・金曜は、村の動きを放映。村内の祭りや集い、野菜の販売、学校行事など、15分番組にして、朝昼晩に流している。役場の職員が必ず現場に行き、それを番組にするので、地域の状況を十分知ることができる。村の人たちも、村の様子を理解できるというわけである。火・木は特別番組で、運動会をまるごと放送したり、野菜の東京でのＰＲ事業などを放映したりしている。

高速道路もできて、モータリゼーションも発達したことから、隣県の山梨県甲府市まで1時間で行けるようになった。東京には2時間で行ける。野菜の出荷も容易になった。村の人たちは、休暇は都市までドライブして、ショッピングを楽しむこともできる。

かつて、陸の孤島と呼ばれた地域は、自然豊かで、農業で生活ができる環境に変わった。

盛んな文化活動

図書館に行ってみると、大きな文化ホールと体育館がつながっている。

藤原村長の言う通り、図書館は24時間貸し出しを行なっている。専用の入り口から入ると、小さな部屋があり、夜間は普段の部屋とは仕切られている。専用棚があり、図書が並んでいる。個人のカードを機械にかざして、登録して借りる仕組み。自由に何冊でも借りることができる。図書は、随時入れ替えを行なっている。ＤＶＤもある。ＤＶＤは、1人1枚借りられる。貸出期間は図書が2週間、ＤＶＤが1週間。蔵書数は5万冊、住民1人当たり約11冊だ。

また図書館委員会が市民のボランティアで組織され、毎月第1・3水曜日の2回お年寄りの17世帯に軽トラックで、図書80冊を配達する活動も行なわれている。

文化ホールは座席数約３００。建物には川上村のカラマツが使われ、しっとりした落ち着きのあるホールだ。立ち見を入れると５００人を収容できる。催しの内容は、ホールの運営委員会と職員と実行委員会で決める。

夏休みは子ども向けのアニメ映画が週に4回もある。夏はレタスの出荷時期と重なるために、セミナーの貸し出しが多く、東京からの利用もある。音楽関係者、コーラスグループも多いことから、コンサートも盛んだ。委員会で選定して、プロの集団を呼び、チケットを販売してコンサートも開催される。農閑期の冬場は、地元のサークルが10くらいあることから、踊り、コーラス、コンサートなどの催しで連日埋まるという。

驚いたのは、役場近くにある林業総合センター「森の交流館」だ。森林組合が国の補助を使って運営している。１９９７年にできた2階建ての建物で、ガラス張りの大きな窓があり、中央には広々としたレストランが設けられている。

「最初は喫茶店という話もあった。しかし、都会からお嫁さんが来ると、家族で楽しめる場が必要。そういう発想からレストランとなった。ドイツを視察したときに、農村がとても充実していた。当時、国内の林業が低迷していて、どうにもならないときに林野庁に行った。そこで話題性のあるものをということで、このセンターをつくった」と藤原村長が教えてくれた。森林組合や林業従事者だけでなく、家族や地域の人びとの交流の拠点となっているのだ。

⦿林業総合センター「森の交流館」

にぎわいをつくれば知恵も出る

「活況はつくれる。にぎわいをつくれば知恵も出るだろう。潜在する活力を開示できるだろうとなった。幸い、開業以来赤字になっていない」

林業総合センター「森の交流館」で藤原村長は誇らしげに語る。林業技能者は村外からの人が多く8割を占める。林業専用住宅は3棟ある。この施設の運営は、林業技能者の奥さんたちがやっている。雇用にもなっている。

この村は近隣自治体と協力し、全国で林業の衰退する潮流に逆らっている。川上村にはカラマツしかない。子どももスギを知らない。そこで村有林の交流をしようと、長野県内の根羽村《ねば》（スギ）、大桑村《おおくわ》（ヒノキ）、川上村（カラマツ）と、それぞれ2〜3ヘクタールの村有林を持ち合う制度をつくった。
根羽村は、長野県の最南端で愛知県に隣接する。ここは村直営の製材所をもっており、村外の工務店と直接連携してオーダーメードの製材を行なっている。林業で新たな事業を生み、若者の雇用も生んだ。またオーダーを受けた設計士・施工主から、スギ材以外の要望があった場合、カラマツは川上村、ヒノキは大桑村からのものを使う連携ができるようにした。

川上村のカラマツを最大限に活かした建造物の一つが、２００９年にできた川上中学校である。緑豊かな広々とした見晴らしのいい所に校舎が建っている。天井が高く、階段も床も机までもがカラマツ。じつにぜいたくな建築物だ。

太陽光を利用したパッシブ・ソーラーシステムが導入されている。これは自然の太陽光や熱を建築物にうまく取り入れて、空調に活かすもの。できるだけ機械を使わず、建築構造を工夫して、部屋の温度調整に使うシステムだ。

大きな給食室は天井が高く、生徒が一堂に会して食べられるようになっている。その入り口には、山村交流のシンボルである根羽村のスギ、大桑村のヒノキの板が使われている。カラマツは、村有林37ヘクタールから切り出された。川上村は、野菜の栽培が中心となる前、明治初期は、カラマツの育苗で知られ、各地で販売されていた。

学校の建設費は23億円かかったとのこと。全校生徒１６８人の学校、人口４５００人に満たない村にとっては莫大な支出だが、藤原村長はこう説明する。

「基金もためて、自主財源もありましたが、負担を減らすために、文部科学省、新エネルギー・産業技術総合開発機構（NEDO）、林野庁、長野県などから、7つの補助を受けました。村民体育館が一緒になっていて、申請すれば使えるようになっています。農閑期には、バレーボールやバスケットボールなどにも使われています」

また、学校は公園につながっていて、市民や高齢者の憩いの場所になっている。

村内では、学童や高齢者らが移動しやすいように、公共バスを村営で運行している。かつて村にもバス会社があったが、利用率が下がり廃止されることとなった。そこで高齢者の送迎やスクールバスなどを一本化し、一般客も乗車可能な体制に組み替えた。これは、国でもそれぞれの管轄が違っているために、要請と申請許可を得るのにもっとも苦労したというが、1982年にバスの運行にこぎ着けた。

いまでは1日10本ほどが走る。そしてJR信濃川上駅のダイヤと連携させて、利便性も高めた。子どもにも老人にも村外の来客にも欠かせない足となっている。

スモールメリットを目指して条件不利を逆転させる

村外との交流の大きな力となっているものに、近郊の地域に造られた自治体の休養・宿泊施設がある。埼玉県の蕨《わらび》市立信濃わらび山荘、東京の自治体の施設は三鷹《みたか》市川上郷自然の村、武蔵野市立自然の村、町田市自然休暇村の3カ所がある。天体観測やキャンプ、ハイキング、合宿に使える。

これらは景気が良かったときに保養所として設けられた。三鷹市と蕨市の施設は川上村が土地を買ったもの。武蔵野市と町田市の施設は土地を貸している。情報交換の場と位置付けているため、賃借料は取っていない。これらの施設は、子どもの交流にも使われている。

さらに1998年には、保健福祉課、社会福祉協議会、村民交流室、トレーニングジム、鍼灸《しんきゅう》施術室、ヘルシーの湯、老人憩いの湯、診療所、デイサービス、レストラン、保育園、消防署分遣所、警察官駐在所などを一体化させたヘルシーパークをつくった。

一方で、地域ケア会議をつくり、包括支援センター、ケアマネジャー、保健師、診療所、訪問看護、デイサービスなどをはじめ、保健・医療・福祉などのサービスの連携の会議を設けて、テーマを決めて研究会を開催。同時に、国保診療所では派遣医師、訪問診療、胃カメラ健診などの充実、鍼灸施設の充実、地域包括支援・介護予防では、独居老人の訪問、公民館での健康相談やふれあいランチなど幅広く村民の生活支援をする。園児から高齢者まで、保健予防、地域医療、福祉を徹底させて、地域コミュニケーションを深め、予防を充実させて、健康な暮らしの実現を図っているのだ。

構想から20年かかったというが、その結果は、大きな成果を生んでいる。

全国平均の国民健康保険1人当たりの年間医療費は約32万円（2014年度）。しかし、川上村は17万円にとどまっている。介護保険を使っていない65歳以上は85・1％。

現在、長寿日本一は、47都道府県では長野県。その長寿の秘訣を、もっともよく具現化しているのが川上村といえるのかもしれない。

「農業がベースですから、地元で循環するのが理想でしょうね。自給度が高い産業だと思う。地域の自給度が高いことが大切でしょう。自然経済の産業とも言えます。それを生み出すのが地域の役割だと思う。

原点は、非効率、不合理、不便、不利。それらをもう一度見直して、やっていくときだと思う。これらは農村の典型的なものだった。それをもう一度しっかり見ていくと、新しい発想が出るかもしれない。

高原野菜が不利を有利に変えた。何か逆転させるものがある。スケールメリット（大規模化することで得られる効果）よりもスモールメリット。スモールの数を多くする。するとスケールになる。スモールの塊がスケール」（藤原村長）

川上村を訪ね、村外のニーズを把握して事業を考えること、暮らしやすさに必要な環境を整えること、つまり村丸ごとのコンパクトシティーの創造こそが、地方を元気にする秘訣ではないかと思った。

あとがきにかえて

食と地域というテーマで欠かせないのが、若者の移住、再生可能エネルギー、空き家対策だ。国が地方創生を掲げていることもあり、どの自治体も定住策や空き家対策を掲げている。

それ以前から熱心な、大分県竹田市などは、国の支援制度「地域おこし協力」をうまく使い、客観的な視点から、住宅、仕事、医療、福祉、学校などを紹介するパンフレットを若い人たちが作成している。例えば、すでに定住をした人たちを表に出してインタビューを掲載し、それを都心に発信をしている。しかも、来てほしい人（層）にきちんと情報を渡すことを徹底している。

また、後継者のいない旅館、宿泊施設、空き民家をリノベーションしてゲストハウスとして開放され、海外旅行を経験をした若い人たちの間では、関心が高まっている。それを専門に引き受け、設計する建築士や不動産会社も若い人たちで生まれている。全国のゲストハウスや農家民泊の情報を集積し、旅行者が利用するウェブサイトなどもある。

地域資源を活用した新たな実践として、再生可能エネルギーに着目した事例も紹介したい。神奈川県小田原市では、市の後押しで中小企業と住民、地元信用金庫によるエネルギー会社を設立させた。

２０１５年11月13～14日「市民・共同発電所全国フォーラム２０１５小田原」が開催された。これは環境省の補助を受けている。全国から約６００名が集まった。バイオマス、水力、太陽光、地下水利用、さまざまな市民エネルギーの実践が報告され、しかも、すべて地域住民や自治体が主体となってすすめる再生可能エネルギーの活動。頼もしいと思ったのは私だけではないだろう。

特に印象に残ったのは福島県農民連の佐々木健洋《たけひろ》さん。佐々木さんは、福島市で農業を行ない、自分たちで農産物の販売をしていたが、3・11での原発事故の影響で、売り上げが激減。エネルギーを自ら生み出すことが地域にとっても必要であると、仲間を募り市民ファンドを活用して太陽光パネルを設置し、地域に還元をする市民共同発電所の仕組みをつくった。

またこのフォーラムでは、徳島県からきた徳島地域エネルギーの豊岡和美さんに圧倒された。彼女は、山間地の村落と再生可能エネルギーを扱う会社をとりもち、その地域にお金が還元されるようにコーディネートをしていくという仕組みをつくった。主婦でありながら「わからないことは、人に教えてもらえればいい」と積極的に活動を広げ、ついに地元で14名の雇用も生んだ。

本編では、主に食や観光をテーマに掲げる事例を選んで紹介した。しかし今後を見据えると、再生可能エネルギーや民家のリノベーションなどとの結びつきにより、新たな価値創造があるだろう。そして、そうした事例がどんどん地域から発信されるのでは、とワクワクしている。

最後に、編集を手掛けてくださった合同出版の山林早良さん、取材協力をしてくださった多くのみなさんに心より感謝申し上げます。

2015年12月

金丸　弘美

ex.html ◆（伊賀上野店）0595-42-8818、（名張桔梗が丘店）0595-65-8817、（津松菱店）059-213-8817

74ページ **農場レストラン お日さまのえがお** ◆ http://www.moku-moku.com/tyokueinew/abeno.html ◆ 06-6627-0909 ◆ 〒545-0052 大阪府大阪市阿倍野区阿倍野筋 1-1-43 あべのハルカス近鉄本店 タワー館 13F

136ページ **居酒屋 ながほり** ◆ 06-6768-0515 ◆ 〒540-0005 大阪府大阪市中央区上町 1-3-9

100ページ **兵庫県豊岡市（市役所）** ◆ http://www.city.toyooka.lg.jp/www/genre/0000000000000/1000000000724/index.html ◆ 0796-23-1111 ◆ 〒668-8666 兵庫県豊岡市中央町 2-4

21ページ **島根県隠岐郡海士町（町役場）** ◆ http://www.town.ama.shimane.jp ◆ 08514-2-0113（視察窓口：総務課）◆ 〒684-0403 島根県隠岐郡海士町大字海士 1490

78ページ **JA おちいまばり さいさいきて屋** ◆ http://www.ja-ochiima.or.jp/saisai/ ◆ saikite@dokidoki.ne.jp ◆ 0898-33-3131 ◆ 〒794-0840 愛媛県今治市中寺 279-1

107ページ **高知県（県庁）** ◆ http://www.pref.kochi.lg.jp ◆ 088-823-1111（代表）◆ 〒780-8570 高知県高知市丸ノ内 1-2-20

105ページ **おおのみエコロジーファーマーズ** ◆ http://www.eco-mai.com/index.html ◆ oonomi-hime@mb.pikara.ne.jp

119ページ **NPO 法人 安心院町グリーンツーリズム研究会** ◆ http://www.ajimu-gt.jp ◆ japan-ajimu-gt@basil.ocn.ne.jp ◆ 0978-42-5502 ◆ 〒872-0302 大分県宇佐市院内町二日市 194-1

122ページ **蕨原おわて** ◆ http://owate.jimdo.com ◆ 0973-73-0123 ◆ 〒879-4911 大分県玖珠郡九重町大字田野 321

21ページ **長崎県長崎市（市役所）** ◆ http://www.city.nagasaki.lg.jp ◆ gikai_gijichousa@city.nagasaki.lg.jp ◆ 095-829-1200（視察窓口：議会事務局議事調査課）◆ 〒850-8685 長崎県長崎市桜町 2-35

126ページ **Lowe Farm（ロウ・ファーム）** ◆ http://www.lowe-farm.co.uk ◆ juliet@lowe-farm.co.uk ◆ Pembridge, Leominster, Hereford, Herefordshire, HR6 9JD, United Kingdom

本書で紹介した事例（都道府県順）

125ページ **WWOOF JAPAN** ◆ http://www.wwoofjapan.com ◆ 〒065-0042 北海道札幌市東区本町2条3-6-7

17ページ **山形在来作物研究会（事務局：山形大学農学部）** ◆ http://zaisakuken.jp ◆ 〒997-8555 山形県鶴岡市若葉町1-23 山形大学農学部気付

141ページ **山際食彩工房** ◆ http://yamagiwa-koubo.com ◆ 0242-85-7703 ◆ 〒965-0014 福島県会津若松市大塚2-5-10

144ページ **ふくしま発酵文化研究会（事務局：一般社団法人福島市観光コンベンション協会）** ◆ http://www.f-kankou.jp/hakobunka.htm ◆ 024-531-6432 ◆ 〒960-8031 福島県福島市栄町1-1　JR福島駅西口

160ページ **NPO法人 素材広場** ◆ http://sozaihiroba.net ◆ 0242-85-6571 ◆ 〒965-0009 福島県会津若松市八角町13-45

100ページ **馬場香織クッキング・サロン** ◆ http://www.kaori-cooking.com

168ページ **長野県川上村（村役場）** ◆ http://www.vill.kawakami.nagano.jp ◆ 0267-97-2121 ◆ 〒384-1405 長野県南佐久郡川上村大字大深山525

21ページ **長野県飯田市（市役所）** ◆ https://www.city.iida.lg.jp ◆ igikai@city.iida.nagano.jp（視察窓口：市議会）◆ 0265-22-4511（代表）◆ 〒395-8501 長野県飯田市大久保町2534

42ページ **タケフナイフビレッジ** ◆ http://www.takefu-knifevillage.jp ◆ 0778-27-7120 ◆ 〒915-0031 福井県越前市余川町22-91

41ページ **卯立の工芸館** ◆ http://www.echizenwashi.jp/features/udatsu.html ◆ udatsu@echizenwashi.jp ◆ 0778-43-7800 ◆ 〒915-0232 福井県越前市新在家町9-21-2

21ページ **みえジビエ（三重県農林水産部フードイノベーション課）** ◆ http://www.pref.mie.lg.jp/CHISANM/HP/foodinnovation/index.htm ◆ f-innov@pref.mie.jp ◆ 059-224-2391 ◆ 〒514-8570 三重県津市広明町13

56ページ **農業法人 せいわの里 まめや** ◆ http://www.ma.mctv.ne.jp/~mameya/ ◆ 0598-49-4300 ◆ 〒519-2211 三重県多気郡多気町丹生5643

62ページ **農事生産法人 伊賀の里 モクモク手づくりファーム** ◆ http://www.moku-moku.com/index.html ◆ 0595-43-0909 ◆ 〒518-1392 三重県伊賀市西湯舟3609

76ページ **ハハトコ食堂**◆ http://www.moku-moku.com/tyokueinew/hahatoko/ind

◆著者紹介
金丸弘美（かなまる・ひろみ）
食環境ジャーナリスト、食総合プロデューサー
1952年、佐賀県唐津市生まれ。
地域に根付いた食文化を再発見し、各地の元気をネットワークし、実践の場から発信。「食からの地域再生」「食育と味覚ワークショップ」「地域デザイン」をテーマに全国の地域活動のコーディネートやアドバイス、取材および執筆活動を精力的に行なう。
また各行政機関と連携した食からの地域づくり、特産品のプロモーション、食育事業のアドバイザー、コーディネーターとして活動。大学講師として教壇に立ち、小中高への出張授業も行なう。とくに食のテキストづくりから行なう食9-のワークショップが好評。

【近著】
『里山産業論——「食の戦略」が六次産業を超える』（2015年、角川新書）、『田舎力——ヒト・夢・カネが集まる5つの法則（新装版）』（2014年)、『実践！ 田舎力——小さくても経済が回る5つの方法』（2013年、以上NHK新書）、『美味しい田舎のつくりかた——地域の味が人をつなぎ、小さな経済を耕す』（2014年）、『幸福な田舎のつくりかた——地域の誇りが人をつなぎ、小さな経済を動かす』（2012年、以上学芸出版）、『地域ブランドを引き出す力——トータルマネジメントが田舎を変える！』（2011年、合同出版）

装幀＝守谷義明＋六月舎

タカラは足元にあり！　地方経済活性化戦略

2016年2月25日　第1刷発行

著　者　金丸弘美
発行者　上野良治
発行所　合同出版株式会社
東京都千代田区神田神保町1-44
郵便番号　101-0051
電話　03（3294）3506
FAX　03（3294）3509
振替　00180-9-65422
ホームページ　http://www.godo-shuppan.co.jp/
印刷・製本　株式会社シナノ

■刊行図書リストを無料進呈いたします。■落丁乱丁の際はお取り換えいたします。

ISBN978-4-7726-1260-9　NDC360　188 × 130